독서디베이트 저자의 토론교육 노하우

토론교육 하우 투

독서디베이트 저자의 토론교육 노하우

토론교육 하우 투

유담 · 최은희

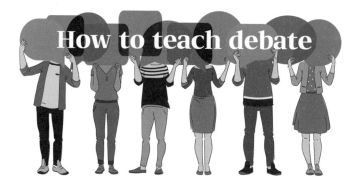

How to teach debate

토론교육에 대하여 말하다

　지난 10여 년간 우리나라 교육현장에는 커다란 변화가 일어났다. 다름 아닌 토론식 교수학습법이 교육 전반에 도입되고 사회적으로도 누구에게나 토론역량이 필요하다는 보편적 인식이 생겨나기 시작한 것이다. 그 이유는 인공지능의 등장과 더불어 지식정보산업이 폭발적으로 성장해 나가는 시대의 변화로 인해 인재유형이 바뀌어 가고 있기 때문이다. 특히 2016 스위스 다보스포럼에서 클라우스 슈밥이 선포한 '4차 산업혁명시대'는 시대의 변화를 인지하지 못하던 우리에게 변화된 세계가 요구하는 인재의 역량이 무엇인지 다시 한번 생각하게 하는 전환점이 되었다.

　4차 산업혁명시대의 인재역량은 4C을 강조한 새로운 패러다임으로 토론교육의 중요성을 강조한 것이 핵심이라 할 수 있다. 다보스포럼에서 소개된 4차 산업혁명시대 인재의 '4C' 역량이란 Creativity(창의성), Critical thinking(비판적 사고), Communication(의사소통), Collaboration(협업) 등이다. 이미 선진국 및 유럽국가들은 '4C 역량'을 교육의 핵심으로 설정해 놓고 인재양성을 실시하고 있다. 이러한 변화의 흐름은 우리의 교육현실에서도 무시할 수 없기에 2015년 교육과정의 핵심으로 창의융합형 인재와 핵심강화 역량을 강조하였다고 할 수 있다. 즉 토론중심교육, 발표중심교육, 팀프로젝트교육을 교육정책으로 내세운 것이라고 생각한다.

4차 산업혁명 시대가 도래했다고 생각한 언론들은 민감하게 시대의 변화에 대해 이야기 시작했고 이들은 앞서가는 서구사회가 어떤 방식의 교육을 하고 있는지 살펴보기 시작했으며 서로가 앞다투어 기획기사, 또는 다큐멘터리를 통해 수많은 정보들을 제공해주었다. 특히 우리에게 소개된 디베이트 방식 토론교육과 하브루타 방식의 유태인 교육은 국내에도 토론문화와 토론교육의 확산의 필요성으로 이어졌고 그 열매로 2011년 7월에 필자를 중심으로 토론교육 활동가들이 모여 〈한국디베이트코치협회〉라는 토론교육전문기관을 설립하게 되었다.

그 후 토론교육의 확산을 위한 (사)한국디베이트코치협회의 활동은 커다랗게 세 가지 분야로 이루어졌다. 첫째는 토론교육에 대한 연구와 토론교육전문가 양성과정 운영이었다. 토론교육에 대한 연구결과로는 독서교육과 토론교육을 융합시킨 신개념의 토론교육인 '독서디베이트'가 창안되었고 이에 대한 구체적인 지침서로 최은희·유담의 공저인 『독서디베이트』가 출간되었다. 하지만 이보다 더 중요한 것은 '디베이톨로지(debatology)'라는 디베이트를 위한 사고의 틀, 해석의 틀이 만들어진 점이다. 토론은 문제분석과 문제정의에서 출발한다는 정리를 기초로 하여 토론교육을 위한 사회학적 접근방법이 만들어진 것인데 이에 대한 이론적 뒷받침은 특별히 미국 시카고대학 사회학박사이신 최용석 박사에 의해 이루어졌다.

이러한 두 가지의 토론교육연구 결과물은 공교육현장의 교사연수와 도서

▶ 독서디베이트 창안 및 책 출판

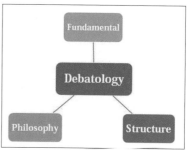

▶ 디베이톨로지(Debatology) 이론 완성

관을 통한 민간자격 토론교육사과정 연수, 대학 교양과정으로 '독서디베이트' 과목 개설 등의 열매로 이어지면서 지금까지 꾸준히 토론 교육프로그램으로 활용되고 있다.

두 번째의 활동분야는 디베이트 축제 및 토론대회의 개최와 주관 진행 등이다.

▶ 초등수석교사 토론교육사 과정연수

▶ 남양주시 독서디베이트코치 양성과정 수료식

전국에 있는 여러 지방자치단체 토론대회 및 대학교, 중고등학교, 공공기관에서 토론대회를 주관하고 진행하고 있다.

그 횟수를 통계를 내어본다면 아마 우리나라에서 가장 많은 토론대회를 진행한 기관으로 평가될 것이다.

▶ 국회방송 전국고교생 서바이벌토론대회

▶ 강원G1방송국 청소년토론대회

▶ 중앙대학교 독서디베이트대회

▶ 서울대공원 동물복지 토론대회

　무엇보다도 가장 큰 자부심과 보람은 세 번째 활동분야인 토론교육확산을 위한 교육기부활동이다. 교육기부활동은 세 가지 형태로 이루어지고 있다.

　첫 번째가 찾아가는 토론교육 기부활동이다. 아직까지 우리 사회는 토론교육에 대한 정보의 사각지대가 많다. 시대적 흐름의 변화를 알고는 있지만 토론교육을 교육현장에 어떻게 접목시켜야 할지 몰라서 손 놓고 있는 경우와 토론교육전문가가 부족한 탓에 학생들에게 제대로 된 토론교육의 기회를 주지 못하는 경우이다. 이를 위해 토론 교육기부를 원하는 학교의 신청을 받아 한 달에 한 학교를 선정하고 해당 학교를 방문하여 재능기부로 일일 토론캠프 교육을 실시하고 있는데 이 모든 것은 토론교육 확산을 위한 것이다.

▶ 이천 한내초등학교 교육기부 토론수업

▶ 이천 한내초등학교 교육기부 토론특강

▶ 늘푸른자연학교 교육기부 특강

▶ 늘푸른자연학교 교육기부 수업

　　두 번째는, 학부모들에게 토론교육에 대한 인식을 심어주기 위해 협회에 소속된 교사들이 요청하면 때와 장소에 구애받지 않고 학부모세미나를 무료 특강으로 진행해주고 있다.

▶ 수원명당초등학교 학부모세미나

▶ 남양주 학부모세미나

세 번째는 토론교육 기부 활동 중에 가장 큰 보람과 가치를 느끼고 있는 것은 'RND 주니어토론클럽'을 운영하는 것이다. 그동안 토론교육의 확산을 위해 여러 곳을 방문하여 교육기부를 해왔다면 RND 주니어 토론클럽은 토론교육을 통한 아이들의 생각과 가치의 변화를 증명하는 일이 필요하다고 생각되어 시작하게 된 것이다. 주니어토론클럽은 2018년 5월에 시작하여 매월 1회 마지막 일요일에 초4~중3까지의 아이들이 모인다. 『토론교육 하우 투』의 필자인 유담과 최은희, 두 사람이 직접 아이들을 가르치는 모임으로 아이들은 매월 책 한 권을 읽고 와서 하브루타와 디베이트 방식으로 마음껏 토론의 역량을 발휘해보며 서로의 생각과 가치를 인정하고 공유해보는 시간이다. 지금까지 많은 시간을 교사와 학생들을 대상으로 토론교육을 해왔지만 아렌디 주니어토론클럽에서 아이들을 지도할 때만큼 행복한 시간은 없다. 아이들의 생각이 자라는 모습이 눈에 보이기 때문이며, 아이들 스스로도 주니어토론클럽의 멤버라는 사실에 자부심을 갖고 있기 때문이다. 이 모임의 가치에 대한 증명은 참석하는 아이들의 지역이 말하고 있다. 토론클럽의 모임장소는 서울 강남 지역이지만 서울 강남 지역 아이들을 비롯해 청주, 인천, 경기도 광주, 안양, 남양주, 잠실, 강화도 등 매우 다양하기 때문이다.

▶ 주니어토론클럽 하브루타 실습

▶ 주니어토론클럽 논어 인성교육

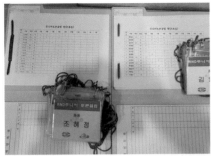

▶ 주니어토론클럽에서 토론을 진행하는 다양한 모습

　　주니어토론클럽이 가장 중요시 여기는 것은 인성교육이다. 즉 함께 살아가는 공동체에 대한 이해와 그 안에서 자신의 역할을 발견하도록 하는 것이 교육의 핵심이다. 그 예로 2018년 하반기부터 실천하고 있는 유태인의 불우이웃 돕기 운동 '쩨다카' 활동이 교육 모임 안에서 이루어지고 있다.

▶ 쩨다카 기부활동을 위한 저금통

▶ 쩨다카 저금통 모으기

▶ 불우이웃돕기 쩨다카 기금전달

　아직까지 우리나라는 토론교육의 개척시대라고 할 수 있다. 거친 자갈밭 같았던 토론교육환경에서 커다란 돌을 걷어낸 정도로 비유할 수 있겠다. 지금부터는 우리 사회의 토론교육 환경을 더욱 부드럽고 비옥한 밭과 같이 일궈내야 한다. 비옥한 땅에서 좋은 작물, 풍성한 수확을 할 수 있듯이 우리 아이들에게 생각하는 힘을 길러주어 소통과 문제를 해결하는 능력을 길러주려면 더욱 부드러운 토론교육 환경을 만들어 주어야 한다. 그런데 욕심 많은 농사꾼은 옥토를 가꾸어 자연적인 수확을 기다리기보다는 화학비료나 농약을 필요 이상으로 사용하여 빠르게 많은 수확을 거두려한다. 토론교육에도 이와 비슷한 현상이 있다. 똑똑한 아이로 기르고 싶은 교사나 부모들의 욕심이 아이들을 논쟁에서 이기는 토론의 기술만을 가르치려고 한다.

　하지만 시난 십여 년간 토론교육에 모든 시간을 바쳐온 필자들의 경험을 통해 말하고 싶은 것은 토론교육은 토론의 기법을 가르치기보다 토론의 역량을 훈련시키는 것이 중요하다는 것이다.

그중에 특히 다음 두 가지를 중시해야 한다. 첫째, 우리의 문화와 정서에 맞는 토론교육을 실시해야 한다. 둘째, 기술보다 역량훈련에 초점을 맞춘 토론교육을 해야 한다. 토론교육의 목적은 우리의 자녀들이 앞으로 발생할 개인적인 문제와 사회적인 문제에 대하여 해결하는 능력을 구비하게 하는 것이며, 함께 살아가는 공동체 사회에서 가장 필요한 의사소통 능력을 갖추게 하는 데 있기 때문이다.

『토론교육 하우 투』는 지금까지 토론교육현장에서 경험한 실제적인 필요와 구체적인 방법들을 모아 집필되었다. 이는 토론교육에 관심이 있는 모든 부모와 교사들이 이 노하우를 잘 활용하여 우리 사회의 미래인재를 양성하는 데 보탬이 되기를 바라는 마음으로 여러분 앞에 내놓았다.

토론교육 하우 투(How to)?, 토론교육 이렇게(Know how).

— 유담, 최은희

제1장

WHY
토론교육의 개념정리

토론교육은 해야 한다고 생각하면서도 "어떻게?"라는 질문 앞에서는 머뭇거려진다.

그러면서도 어쩔 수 없이 시작한 토론교육에서는 토론식 수업방법과 토론의 기술을 익히는 데 많은 시간을 할애한다. 본 장에서는 먼저 '왜? 토론교육을 해야 하는가'라는 질문으로 시작하고자 한다. 왜냐하면 목적에 따라 방향과 방법이 달라지기 때문이다. 본 책자에서는 토론교육의 목적을 '문제해결능력 향상'에 두고 있다. 이를 위해서는 가장 필요한 것이 '생각하는 힘'이며 이를 위한 훈련방법이 토론교육임을 말하고 있다. '왜?' 라는 질문에 명확한 답을 찾아야 '어떻게?' 라는 질문에도 해답이 생기기 때문이다.

토론기술보다 토론역량이 중요하다

디베이트 방식 토론교육의 시작과 현재

우리 나라 교육현장에서 토론교육의 붐이 일어나기 시작한 것은 2010년 후 반부터다. 물론 그 이전에도 초등학교를 중심으로 많은 교사들이 토론식 교육 에 대한 관심을 갖고 다양한 토의토론 수업을 연구하고 진행해왔다. 토론교육 이 교육현장에 자리 잡게 된 계기는 한겨레신문과 대구광역시교육청의 역할 이 크다고 할 수 있다.

또한 학교에서는 자체 토론대회를 실시하거나 다양한 토론교육을 위한 행 사를 실시하면서 디베이트 방식 토론교육이 전국적으로 확산되었다.

디베이트 교육이 전국적으로 확산되자 학부모들 사이에 "디베이트를 하면 명문대학에 갈 수 있다."라는 것이 뜨거운 이슈로 등장하면서 사교육의 일번

지라고 할 수 있는 강남 대치동과 목동, 수원 영통지역까지 파고들기 시작했다. 그 이유는 첫째, 미국에 있는 중고등학교에서 디베이트 교육이 중심을 이루고 있다는 것. 둘째, 디베이트 교육을 하면 명문대학에 갈 수 있다는 사례제시, 셋째, 디베이트 교육은 공부의 종합예술과 같이 학습능력이 탁월하게 향상된다는 내용 때문이었다.

그 결과 '디베이트'는 독서·논술 사교육 시장까지 파고 들어서 수익창출을 위한 방법으로까지 도입되었다.

이처럼 유행되고 있는 디베이트 방식의 교육이 무엇인지 토론교육의 이해를 돕기 위해 간단히 설명을 하고 넘어가려고 한다. '디베이트'라는 용어가 아직 학문적으로 체계화되지 않았기 때문에 필자들이 생각하고 있는 이론을 바탕으로 정리하였다.

'디베이트' 방식의 토론이란 철저하게 교육적 목적을 위해 하는 찬반 논리 게임이다. 디베이트란 용어는 영어 'debate'를 '토론'이라 번역해서 사용하지 않고 우리말 발음을 그대로 표기하여 사용한 것이다. 그 이유는 '토론'이란 우리의 생활 속에서 의사결정을 목적으로 이루어지는 의사소통 행위인 반면 '디베이트'는 생활 속에서 '토론'을 잘 하기 위한 토론역량을 향상시키는 교육방법으로 사용하기 때문이다.

즉 토론교육이 생소하던 우리 사회의 교육현장에서 생활 속 토론과 교육용 토론 '디베이트'라는 용어가 혼동되지 않아야 토론역량을 훈련하려는 교육목적을 충실히 달성할 수 있기 때문이다.

'디베이트' 방식 토론은 몇 가지 특징이 있다. 첫 번째는 엄격한 형식과 규칙이 있기에 '지식스포츠'라고 부른다. 디베이트는 학생들이 2:2, 또는 3:3 등의 팀을 구성하여 찬성과 반대 양측으로 나누어 주어진 논제를 가지고 진행하는 '논리와 논증' 게임이다. 그러므로 입론, 반론, 교차질의(조사), 또는 교차토론, 재반론, 최종변론 등의 순서가 있으며 그 순서에는 발언 시간과 발언자가 정해져 있고 반드시 규칙에 따라 진행해야 한다. 즉 게임은 승패를 가르는 것이 핵심이므로 승패를 가르기 위한 형식과 규칙이 있으며 참가자는 이를 지켜야 한다. 둘째, 디베이트는 의사결정을 위한 토론이 아니라 논리와 논증이라는 토론의 역량을 기르기 위한 게임인 것이다. 평상시 자신들이 갖고 있던 의견을 가지고 논리를 전개하는 것이 아니라 토론시작 전에 가위바위보나 제비뽑기, 동전던지기 등을 통해 임의로 결정된 찬성이나 반대의 입장에서 진행해야 하는 게임이다. 이를 위해서 참가자들은 어느 편에서 논리를 전개해야 할지 모르기 때문에 찬성과 반대 양측의 입장 모두에 대한 논리적 근거를 준비해 와야 하는 토론교육방식이다.

디베이트 방식 토론교육은 미국사회에서 이미 오래 전부터 활성화 되어왔고, 그들의 문화로 자리 잡게 되었다. 예를 들어 〈The Great debaters〉라는 미국영화를 보면 1938년도를 배경으로 한 실화를 바탕으로 촬영한 전국대학생 토론대회의 모습을 그리고 있다. 이 영화는 각 대학에 토론클럽이 있고 토론클럽 끼리의 배틀을 위해서 토론자들이 전국을 순회하며 이루어지는 토론대회의 모습을 보여주고 있다. 이러한 미국의 토론교육 문화와 전통은 수많은 인재들을 배출하게 된 배경이 되었으며 그중 가장 강력한 사례는 '버락 오바마' 대통령의 예다. 우리나라 공영방송의 시사프로그램인 〈토론의 달인〉에서도 오바마 대통령의 탁월한 연설능력은 대학생시절 토론클럽을 통해 훈련된 것이라고 설명하였다. 이러한 여러 가지 요인들이 병합되어 우리나라의 교육현장에서도 시대의 변화에 따라 토론교육이 필수적인 것으로 인식되어 가고 있으며, 다양한 토론교육이 소개되고 있다.

이제는 디베이트 교육보다 토론교육이 되어야 한다

디베이트는 초등학교 5~6학년이 되어야 시작할 수 있는 토론교육 방법이다.

또한 디베이트 방식으로 한 토론교육에서 효과를 얻으려면 어느 정도의 지식정보 수집능력과 분석능력을 갖춘 아이들을 대상으로 가르쳤을 때 효과가 확실하다. 그러다 보니 기초능력이 부족한 아이들은 디베이트 방식 토론교육에 대하여 흥미를 잃어버리게 되거나 어려워한다. 또한 디베이트 방식 토론교육에 대해 긍정적 시각을 가진 이들과 부정적 시각을 가진 이들이 나타나면서 양측 입장이 선명하게 갈리고 있다. 긍정적 입장에서는 "이보다 더 좋은 교육방법은 없다."거나 "공부종합예술이다."라는 평가를 하고 있는 반면에 부정적 입장에서는 "승패를 가르다 보니 논쟁에 치우치고 인성교육은 뒷전으로 밀린다는 견해와 "아이들의 수준차이로 교육현장에 도입하기 어렵다."는 평가들이다.

디베이트 교육에 대한 시각의 차이는 디베이트 방식 자체에 문제가 있는 것이 아니다. 이것을 도입하는 과정에서 우리나라 교육의 현실을 생각하지 못한 것에 그 원인이 있다. 우리 사회는 토론교육이 발달한 서구사회와 달리 대화나 토론교육이 일반화되지 않고 있기 때문에 토론을 한다고 하면 무조건 상대를 설득해서 내 주장을 관철시켜야 하는 것으로 잘못 인식하고 있는 경우가 있다. 또한 실생활이나 학교에서 토론을 해본 경험들이 적기 때문에 어른이나 아이들이 논리적인 설득과 정서적 소통이 병행되어야 하는 토론이 어려울 수밖에 없다. 또한 토론을 한다고 해도 합리적이고 논리적인 논쟁보다 언쟁으로 가게 되는 경우가 많다. 우리 사회에서 이러한 문제들이 해결 되어 바람직한 토론교육의 효과를 얻으려면 토론교육의 목적과 방법을 다시금 정립할 필요가 있다.

디베이트 교육은 형식과 규칙에 따라 하는 지식 스포츠이기 때문에 대부분 형식과 규칙 등 토론기술을 가르치는 것에 주안점을 두고 이루어져 왔다. 그러나 디베이트 교육이 가져다 주는 토론교육의 효과를 생각한다면 좀 더 친절한 교육과정과 본질적인 교육내용이 필요하다. 우리가 학생들에게 디베이트 교육을 하는 이유는 첫째, 그들의 생활 속에서 토론에 대한 바른 인식과 토론하는 문화가 장착되게 하는 것. 둘째, 사회생활에서 의사소통이 원활하게 이루어지게 하며 각각의 개인들에게는 문제해결 능력이 생성되는 결과를 얻게 하려는 것이다. 이러한 이유에 맞춰 디베이트 교육을 해야 하는데 안타깝게도 우리의 교육현실에서는 대화와 토론에 필요한 기본소양이나 여건이 아직은 부족한 것이 안타까울 뿐이다.

우리나라 교육현장에서는 디베이트라는 토론의 형식이 등장하기 전까지 일반적인 토의토론 교육을 실시해 왔다. 그러나 이러한 교육이 뚜렷한 교육효과를 보지 못했다. 그 이유는 토의토론 방법을 수업시간에 교과내용을 소화하기 위한 교수학습 방법으로만 활용하였기 때문이다. 아이들이 토의토론 수업을 원활하게 하려면 사고력과 표현력이 훈련되어야 한다. 하지만 우리는 지금껏 어떻게 사고력과 표현력을 향상시켜야 하는지 그 방법과 과정에 대해 깊이 고민을 많이 하지 않았다고 할 수 있다.

이러한 상황에서 디베이트와 토의토론방식의 토론교육이 아이들의 눈높이에 맞춰 원활하게 이루어지려면 토론하기 위한 역량을 갖추는 것이 중요하고 이에 따른 훈련이 필요하다고 할 수 있다. 그러기 위해서는 다음에 제시하는 토론교육의 기본 목표들을 이해하고 이에 맞춰 토론교육 벙법들을 찾아가는 것이 바람직하다고 할 수 있다.

1. 생각하는 습관을 훈련시켜라.
2. 스스로 탐구해 나가는 능력을 길러주어야 한다.
3. 쉽고, 간단하며, 명확하게 정리하고 핵심 찾는 것을 훈련하라.
4. 토론역량은 물론 학습능력을 향상 시킬 수 있는 독서를 생활화 하도록 한다.

바람직한 토론교육은 토론을 잘하기 위한 역량훈련과 토론에 필요한 기법훈련이 순차적으로 또는 복합적으로 함께 이루어질 때 가능한 것이다.

따라서 이제부터는 전반적인 토론역량을 길러주고 토론기법을 훈련하는 토론교육이란 용어를 익숙하게 사용할 필요가 있다고 생각하며 디베이트 교육 또한 그 안에 하나의 방법으로 포함되어야만 더 발전적인 토론교육의 효과를 추구할 수 있을 것이다.

Chapter 2

생각할 줄 모르는 아이들,
생각이 깨어난 아이들

▶ 영화 〈노예 12년〉에서 미국 땅에 팔려온 노예들

"지배당하며 살게 할 것인가, 자신의 삶을 살게 할 것인가?"

아이들과 토론수업을 하면서 "노예와 주인의 차이점은 무엇일까?"를 물어보았다. 대답은 시키는 대로만 하는 것이 노예이며 자기가 하고 싶은 것을 할 수 있는 것이 주인이라 하였다. 국어사전에 정의된 그대로의 대답이었다. 다음 질문은 "노예로 사는 것이 좋은가? 아니면 자유인으로 사는 것이 좋은가?"였다. 물론 전부다 자유인으로 실겠다고 대답하였다. 그렇다면 "하루의 생활 중에 누군가 시켜서 하는 일 말고 자신이 스스로 해야 한다고 판단해서 하는 일들이 몇 퍼센트 정도 되는가?"라고 다시 물어보았다. 어려워진 질문에 갑자기 조용해졌다. 쉽게 비유해서 물어보았다. "공부하는 것을 스스로 해야 한다고 판단해서 하는 사람은 손들어 볼까?" 손을 든 사람은 한두 명 정도이다. 또 질문하였다. "너희들이 부모님이 시켜서 공부를 하는 입장이라면 너희는 자기 자신에게 주인인가? …아니면 누군가의 노예처럼 살고 있는가?" 아무도 대답하지 못하였다.

한동안 '자기주도학습'이란 것이 교육계에 커다란 유행으로 번졌다. 물론 아직도 교육방법론에서 가장 바람직한 모습은 학생들이 자기 주도적으로 학습을 하는 것이다. 그러나 자기주도학습이 되려면 스스로 생각하고 판단하는 과정이 선행되어야 하는데 대한민국에 한동안 유행했던 자기주도학습은 학습자가 생각하고 판단하기보다는 그것을 체득하기 위해 또 다른 교육방법을 배워야 하기에 시간과 비용이 많이 든다는 단점이 있다. 이러한 것을 보완할 수 있는 것이 토론교육이며, 토론교육이야말로 자기주도학습의 원형이라 할 수 있다. 왜냐하면 자기 생각이 있어야 주어진 주제에 대하여 자기 생각을 주장할 수 있고, 그것을 발표하려면 지식과 정보를 찾아 분석하는 노력을 스스로 해야 하기 때문이다. 따라서 정기적으로 꾸준히 토론교육을 하는 아이들은 자기 주도적 학습태도가 습관화 된다. 이유는 학습자 스스로가 옳고 그름을 판단할 수 있는 사고가 있어야만 토론 주제가 갖고 있는 문제에 대한 해결 능력이 생겨날 수 있기 때문이다.

생각을 할 줄 모르는 아이들은 전적으로 부모에게 책임이 있다

우리나라 부모들의 교육열은 세계 어느 나라 부모들 못지않게 높다. 그러나 교육방법과 방향에 문제가 있다고 필자는 말할 수 있다. 교육방법의 문제로는 스파르타식이다. 아이의 의견과 상관없이 부모가 짜 놓은 커리큘럼에 따라 강제 학습을 시키고 있기 때문이다. 물론 아이가 스스로 할 줄 몰라서, 또는 공부를 해야 하는데 자꾸 다른 것에만 시간을 허비하기 때문에 어쩔 수 없다는 이유가 있을 수 있다. 그러나 이런 모습은 '교육'이라기보다 '사육'이라는 표현이 더 어울린다. 바람직한 교육은 피교육자 중심이어야 한다. 무엇보다도 피교육자의 인권과 개성이 존중된 교육이 이루어져야 하는 것이다. 그런데 부모의 관심과 사랑이라는 이유로 강요된 교육은 아이들에게 노예근성을 심어줄 우려가 크다고 할 수 있다.

노예근성의 뜻을 사전에서 찾아보면 '무엇이든지 남의 지시가 있어야만 행동하고 적극적으로 행동하지 않는 성질을 말한다.'라고 나와 있다. 어른들의 예를 들면 직장상사가 내리는 지시가 부당하다고 생각되어도 따르지 않으면 불이익을 당할 것 같아 시키는 대로 따르는 모습과 그렇게 하는 것이 '사회생활'

을 잘 하는 것이라고 생각하는 것들이다. 또 다른 예는 매일 늦게까지 근무하던 직장인이 어느 날 모처럼 퇴근시간에 맞춰 업무를 끝냈지만 자신만 퇴근하기가 눈치가 보여 할 일이 없으면서도 일부러 늦게 퇴근할 때를 말할 수 있다. 이처럼 누군가의 눈치를 보거나 스스로 선택하지 못하고 누군가로부터 강요받는 삶을 살고 있다면, 그 삶을 노예의 삶이라 할 수 있을 것이다.

노예로서 사는 삶이 때로는 좋을 때가 있다고 생각할 수도 있다. 왜냐하면 주체적이지 않고 시키는 대로 따르기만 하면 책임을 회피할 수 있고, 책임질 필요가 없기 때문에 머리 아프게 고민할 필요도 없다. 그냥 시키는 대로만 하면 되기 때문에 주인의 지시가 옳은 것인지, 그른 것인지 따질 필요도 없다. 그저 '주인의 지시에 충실히 따르고 있는가?'만 생각하면 된다. 그래야 노예의 삶은 더 편해질 수 있기 때문이다. 어쩌면 노예의 삶을 살던 사람에게 자유가 주어진다면 오히려 더 감당하기 힘들어 할 수도 있다. 왜냐하면 그들은 이미 자기 스스로 생각하고 판단하며, 행동할 수 있는 기능이 마비되었기 때문이다.

요즘 많은 부모들은 자녀들이 주체적인 삶을 살기 원하면서도 삶의 주인공보다는 노예근성을 심어주고 있다는 생각을 저버릴 수가 없다. 그 이유는 초등학교는 물론 중고등학교까지 스스로 생각하고 판단하기보다는 부모의 생각과 부모가 짜 놓은 커리큘럼에 의해 아이들이 길들여지고 순응하고 있다는 생각 때문이다. 이러한 현상은 안타깝게도 대학에 진학해서도 나타난다. 자유가 주어졌어도 이미 노예근성에 길들여져버려 자기생각과 판단 능력이 부족해 수강신청을 할 때 부모에게 의존하는 학생의 모습을 보았기 때문이다.

생각할 줄 모르는 우리의 아이들, 잘못된 가치관에 지배당하고 있다

지나온 역사를 살펴보면 식민지화의 교육은 주체적인 삶보다는 노예의 삶을 요구한 교육이었다. 안타깝게도 우리나라의 역사 속에서 일제강점기시대에 이러한 교육이 있었다. 그뿐만 아니라 5공화국 시절에는 의도적인 우민화정책이 시행된 시간이 있었고 그 잔재가 오늘날까지 뿌리 깊게 남아 있다고 할 수 있다. 우민화 정책의 전략은 지배자의 욕망을 극대화시키는 교육이며, 욕망을 성취하는 것을 목표로 삼는 교육이다. 그 욕망은 의미와 가치를 추구하기보다 생존 그 자체만을 생각하며 좀 더 편안하게, 좀 더 풍요롭게 사는 것을 목표로 삼기에 주로 독재국가나 식민지 정책에서 사용되어 왔다. 즉 권력자들이나 기득권층들에 의해 일반 시민들은 사회의 불평등과 부조리 등에 대해 관심을 가질 필요를 느끼지 못하게 하는 것이다. 그리고 주어진 일터에서 노동력을 제공하고 생존에 필요한 것들을 얻게 하는 노예 같은 삶을 살도록 유도하는 것이 우민화 정책이다.

지금의 대한민국 교육은 개인적 권리와 사회적 의무를 먼저 생각하게 하는 인성교육보다는 대학진학을 위해 필요한 지식을 습득하는 데 중점을 둔다고 할 수 있다. 그뿐만 아니라 풍요로운 삶을 사는 것이 인생 최고의 가치요 목표로 여기게 만들었으며 그 통로는 일류대학에 입학하는 것이 되어버렸다. 그로 인해 철학적 가치나 소신보다는 남과 경쟁해서 이겨야 돈을 많이 벌 수 있다는 인식이 팽배해져 대한민국 곳곳에는 비뚤어진 교육의 후유증이 발생하고 있다. 그 후유증으로는 최근 비엉썬이라는 클럽의 사건과 더불어 강남의 여러 클럽에서 목격된 사례담을 들 수 있다.

우리 사회 젊은이들의 문화에는 클럽문화라는 것이 자리 잡고 있다. 홍대 앞과 강남일대에 자리 잡고 있는 클럽들은 젊은이들이 춤과 음악을 즐기며 젊음을 마음껏 발산하는 특화된 공간이며 젊음이라는 특권을 누리는 공간이다. 그러나 최근 언론을 통해 밝혀진 클럽 안에서의 일탈된 행위는 감히 상상하지 못했던 내용들이다. VIP룸의 하룻밤 세팅된 술값은 일억을 넘으며, 룸 안에서는 범죄행위라 할 수 있는 마약이 은밀히 복용되고 있었다는 사실과 VVIP로 불리는 자들은 클럽 홀에서 허공을 향해 만 원권 지폐 수백 장을 뿌리며 왕의 행세를 하는 모습을 매스컴을 통해 접하게 되었다. 아무리 젊음의 발산이라 해도 상식적으로 이해하기 어려운 행위들이다. 그러나 더욱 심각한 문제는 VIP룸과 VVIP의 행위가 아니라 그런 자들의 행위를 부러워하는 젊은이들이 있다는 것이다. 생각을 할 줄 모르는 젊은이들, 생각하지 않는 젊은이들에게 돈은 권력이며 돈으로 특권을 얻고 싶은 유혹을 뿌리칠 능력이 부족한 것이다. 왜냐하면 자본주의 사회가 심어준 그릇된 가치관에 병들어 가고 있기 때문이다.

이러한 현상을 지켜보면서 질문이 생겨난다. "어떻게 해야 돈과 권력에게 지배당하는 노예와 같은 삶에서 벗어날 수 있을까?", "어떻게 해야 우리 아이들이 생각할 줄 아는 아이들, 생각이 깨어 있는 아이들로 변화될 수 있을까?"

그 대답은 '토론교육'이다. '토론교육'은 철학적 가치와 본질을 찾기 위해 생각하는 아이들, 생각이 깨어 있는 아이들로 만드는 최고의 교육인 것이다.

Chapter 3

공부머리(탐구능력)가
열리는 토론교육

1. 공부를 잘하는 사람들은 공부 못 하는 아이들을 가르칠 때에 매우 힘들어한다.

   : 모든 것이 너무나 쉽게 이해되는 사람들은 아무리 가르쳐줘도 이해하지
   못하는 아이들을 이해할 수 없기 때문이다.

2. 토론을 잘하는 사람들은 토론을 어려워하는 사람들을 잘 이해하지 못한다.

   : 토론을 잘하는 사람들은 자신의 머릿속에서 여러 가지 지식정보들이 활
   성화되어 있기 때문에 자연스럽게 분석되고 융합되기 때문이다.

3. 문제해결 능력자는 무능력자의 현상을 이해하지 못하는 경우가 많다.

   : 어떤 문제가 생겼을 때 문제를 척척 해결해 나가는 사람이 있는가 하면
   어찌할 바 몰라 발을 동동거리는 사람들이 있다.

이러한 모습은 공부머리가 열린 사람들과 아직 공부머리가 열리지 않은 사람들의 현상으로 구분할 수 있다. 여기에서 '공부머리'란 '정보를 습득하고 가공하며, 활용하는 역량'으로 재정의하고 이야기를 시작하고자 한다.

대부분 부모님과 선생님들의 바람은 아이들의 공부머리가 열려지는 것이다. 다른 말로 똑똑해지는 것이다. 그러기 위해 부모님들이 쏟아 붓는 경제적 비용과 선생님들의 열정은 대단하다고 할 수 있다. 이러힌 부모님의 헌신과 선생님들의 수고가 고스란히 열매로 맺혀진다면 얼마나 좋을까? 그러나 교육현장에서 발견되는 결과는 모두다 공부머리가 열리는 것은 아니라는 사실이다. 물론 개인들의 선천적인 역량 차이로 결과가 나른 경우가 있음을 인정한다. 하지만 그것조차 극복하고 학습역량을 극대화시킬 수는 없을까 하는 것이 부모와 선생님들의 바람이다.

지난 10년간 토론교육을 하면서 알게 된 현상이 있다. 대부분 짧은 기간 동안만 토론교육을 시킨다는 것이다. 토론교육 시작 전에 토론교육을 시키는 이유에 대해 부모님과 상담을 해보면 토론대회 나가기 위해서, 발표력이 부족해서, 요즘은 토론교육을 해야 한다고 하니까, 다른 친구들에게 뒤지기 싫어서 등을 말한다. 이러한 동기들은 주로 토론의 기능적인 부분이다. 그러다 보니 단기간에 기능적인 부분만 훈련을 받아 원하는 결과를 얻으려는 경우가 대부분이며 지속적으로 오랜 기간을 두고 토론교육을 시키는 부모를 찾아보기가 힘들다. 그뿐만 아니라 자신의 자녀가 지니고 있는 기본역량은 생각하지 않고 토론교육의 결과가 빠른 시간에 나타나지 않으면 기다려주지 않고 교육을 중단한다는 것이다.

이러한 현상은 초등 고학년에서만 나타나는 것이 아니라 초등 저학년 학부모도 비슷하다. 표면적으로 부모들은 대부분 독서토론교육을 시키고 싶어 한다. 그런데 그 이유가 자녀들이 학교공부에서 좋은 성적을 얻으려면 책 읽기와 글쓰기 능력이 필요하다는 생각이 지배적이기 때문이다. 이를 위해 선택하게 되는 것은 주로 학습지 회사에서 하는 독서토론수업이다.

토론교육은 눈앞에 보이는 필요 때문에 짧은 시간을 투자할 경우 교육효과를 기대하기가 어렵다. 최소한 토론교육을 통해 반드시 훈련해야 할 습관들이 생각과 몸에 체화되는 시간이 필요하기 때문이다. 아울러 가르치는 교사의 역량에 따라서도 토론교육의 결과는 천차만별이다. 따라서 부모들이 기대하는 학습역량이 향상되는 교육효과를 얻으려면 독서수업이든, 논술 수업이든 토론교육 전문가 자격을 갖추고 토론식 교육을 하는 교사에게 의뢰하는 것이 바람직하다. 초, 중등학교 수준에서의 교육은 스스로 생각하고 판단하고 결정하는 훈련을 통해 공부하는 방법과 습관을 훈련하는 것이 우선이기 때문이다. 이러한 교육 목표와 방법을 선택할 경우 부모들이 원하는 나머지의 교육효과는 자연스럽게 얻어질 수 있는 것이다.

공부머리가 열리는 토론교육이란?

공부머리가 열리는 교육이란, 필자가 제시한 "정보를 습득하고 가공하며, 활용할 수 있는 역량"이라는 용어정리를 확대해 보면 다음과 같다. 첫째, 지식정보를 습득하는 능력을 향상시켜주는 교육. 둘째, 습득한 지식정보를 자신의 이론으로 가공하는 훈련. 셋째, 만들어진 이론을 가지고 활용하는 방안을 찾아내는 교육이다.

　토론교육의 효과로써 공부머리가 열린다는 가설은 다음과 같은 이유에서 가능하다. 첫째, 지식정보 습득능력이란 이해력을 말한다. 토론시간은 끊임없이 다른 사람의 이야기를 경청하고, 이해하여 이에 대한 자신의 의견을 피력해야 하는 시간이다. 이 과정은 고도의 집중과 뇌의 움직임이 필요하다. 그뿐만 아니라 내용을 파악하고자 내용의 진위와 의도파악, 더 좋은 대안의 유무 등을 생각하며 들어야 한다. 이런 훈련을 하게 된다면 특별한 경우가 아니라면 아이들의 이해력은 향상될 수밖에 없으며 점점 더 넓고 깊은 지식과 정보를 정확히 인식할 수 있는 능력이 만들어진다.

　둘째, 자신의 이론으로 가공한다는 것은 뇌의 기능에 논리적 구조를 만드는 훈련이다. 토론은 자신의 의견을 상대에게 논리적으로 이치에 맞게 설명하고 상대방도 동의하도록 설득하는 것이 가장 중요한 부분이다. 두 번째 과정을 원활하게 수행할 수 있게 되면 그때를 '뇌에 길이 났다.'고 말하는 단계이다.

　마지막으로 지식과 정보의 활용이란 비판적 사고를 통해 지식정보의 진위 여부를 판단하고 그것에 대한 가치를 판단하여 사용 여부를 결정하는 능력을 말한다. 이를 종합한 판단과 실행능력을 우리는 통찰과 융합능력이라고 말한다. 공부란 지식정보를 이해하고 암기하는 것에서 끝나는 것이 아니다. 진정한 공부는 습득한 지식정보를 자신의 것으로 만들어 활용하는 경지에 이르는 것이다. 활용의 경지는 전체의 흐름을 읽을 줄 알아야 한다. 그래야만 오류가 발생하지 않는다. 이것이 통찰력이다. 또한 실행능력을 갖추어야 가능한 것이 활용의 경지이며 융합에 도전하는 것들이 바로 실행능력이다. 따라서 공부머리가 열렸다는 것은 실행능력까지 갖추어야 들을 수 있는 평가다.

토론하는 방법을 배우면 정말로 공부머리가 열리는가?

답 : 그렇지 않다. 습관의 훈련이 공부머리를 열어준다.

토론하는 방법을 배우는 것만으로는 공부머리가 열리지는 않는다. 토론에 필요한 생활습관들이 생각과 몸속에 체화될 때 비로소 공부머리가 열린다. 그렇다고 어렵거나 오랜 시간이 걸리는 것은 아니다. 평상시 생활 속에서 토론에 나타나는 기본적인 요소를 습관처럼 활용하면 자신도 모르는 사이에 자연스럽게 이루어질 수 있다.

공부머리가 열리는 그 비법은 다음과 같다.

1. 언어습관 : 왜냐하면?(이유)⋯ 예를 들어(근거)⋯를 갖추어 말한다.
2. 모르면 찾아보고, 궁금하면 찾아본다.
3. 무엇을, 어떻게, 왜, 만약에⋯라는 질문을 활용하여 끊임없이 탐구한다.

다음에 제시한 세 가지의 비법은 생활 속에서 사용하면 유용하다.

1. 이유와 근거를 말한다.

누군가 어떤 의견을 물어보면 자신의 생각을 말할 때 먼저 이유를 분명히 말해야 한다. 그리고 그 이유에 합당하고 객관적으로 인정할 수 있는 근거를 예시로 들어 설명해주는 습관이다.

2. 검색하는 습관

우리는 문득 문득 궁금한 것이 떠오른다. 또는 날마다 읽고 보게 되는 정보

속에서 모르는 단어나 개념들을 새롭게 접하게 된다. 또는 누군가 내가 모르는 것을 물어올 때가 있다. 이때 우리는 즉시 검색을 하여 궁금증과 모르는 것을 해결하는 습관을 가져야 한다. 토론은 배경지식이 있어야만 할 수 있기 때문이다.

3. 네 가지 질문이 인생을 바꾼다.

오늘 이야기하는 주제가 무엇이지? 그 내용이 어떻게 전개되었는데, 왜 그 이야기가 나왔지? 만약에 그렇게 하지 않으면 어떤 결과가 올까, 아니면 다른 방법은 없을까?

'네 가지의 질문'은 우리 생활 모든 부분에 적용되어야 한다. 특히 공부하는 아이들에게 이 '네 가지 질문'의 훈련은 자신의 미래를 바꾸게 만들 것이며 이 질문이 공부머리를 열어주는 황금열쇠인 것이다.

공부머리를 열어주는 토론교육 교사는 누구인가?

토론교육은 교사의 역량에 따라 교육의 결과가 다를 수밖에 없다.

토론수업은

1. 생각하는 뇌를 만들어주는 질문의 시간
2. 논리와 논증을 훈련하는 토의, 토론, 디베이트 시간
3. 통찰의 안목을 기르는 교사의 스토리텔링 등이 포함되어야 한다.

그 이유는 다음과 같다.

첫째, 교사의 질문은 학생의 공부머리를 열어주는 출발이다.

교사가 질문하면 학생은 답을 한다. 학생의 뇌가 움직이기 시작한다는 것이다.

이때에 교사의 좋은 질문이 학생의 뇌에 좋은 길을 내주는 역할을 한다.

둘째, 교사의 논리와 논증 실력이 학생들의 논리성 훈련의 수준을 가늠한다.

교사는 수업시간 동안 학생들에게 좋은 토론상대자가 돼주어야 한다. 즉 학생들이 발언하는 내용에 대하여 계속되는 반론을 제기하여 학생들의 논리를 가다듬어주어야 한다는 것이다. 이때 교사의 논리논증 실력이 학생들의 논리력을 만들어주기 때문이다.

셋째, 교사의 배경지식과 통찰력은 학생들의 통찰력 또한 만들어 간다.

"아는 만큼 보이고 보는 만큼 알게 된다."는 말이 있다. 학생들의 배경지식은 얕고 시야는 좁다. 이러한 한계를 벗어나게 만들어주는 것이 교사의 역할이다.

새로운 세계를 보고, 전체를 꿰뚫어 보는 역량을 갖게 하려면 교사의 배경지식과 교사의 시각이 매우 중요한 역할을 한다는 것이다.

따라서 질문역량이 뛰어난 교사, 논리와 논증을 잘 지도하는 교사, 배경지식**이 풍부한 교사를 만나야 공부머리가 열리는 토론교육의 효과를 맛볼 수 있다.**

Chapter 4

인공지능 시대의 인재역량, 창조적 사고력

　우리나라의 교육정책에서 가장 중요시 여기는 것이 창의력 교육이다, 아울러 창의교육은 모든 분야를 막론하고 가장 큰 이슈가 되고 있다. 그동안의 주입식 교육으로 학생들의 창의력이 부족하다는 우려의 목소리부터 시작해서, 기업이 살아남기 위해서는 창의적인 아이디어가 필요하다는 이유에서이다. 그러나 창의력이 정확히 무엇인지, 어떻게 해야 길러지는 것인지, 그리고 창의력만 기르면 되는 것인지, 우리에게는 아직도 해결되지 않은 질문이 많이 남아 있다. 그러면서도 무한 경쟁이란 프레임 속에 달려가고 있는 글로벌화된 기업 환경은 그 어느 때보다 창의적인 인재를 원하고, 대한민국은 이러한 시대적 흐름에 맞춰 교육 방법론을 고민하고 있는 상황이다. 하지만 우리의 교육환경은 여전히 명문대학 입학이 인생 성공의 구름다리를 건너는 것이라는 인식이 팽배하기에 창의력, 문제해결력과 같은 기초역량 교육에 관심을 가질 여유가 상대적으로 낮다. 이러한 것은 창의적 문제해결력을 가진 인재가 선진국에 비해 부족해 미래가 불안하다는 생각을 들게 만든다.

세상에 하나뿐인 '나', 세상에서 유일한 '나'의 생각이 곧 '창의'

모든 사람들은 서로 다른 각자의 삶을 살아간다. 비록 똑같은 학교를 졸업하고 똑같은 직장과 똑같은 경험을 가지고 있다 해도 똑같은 삶을 살아가는 사람은 없다. 학교에서 같은 수업을 듣고 같은 학원을 다니고 회사에서 똑같이 일했어도, 스마트폰으로 보는 인터넷 기사가 서로 다르고, 거리를 걸어가며 쳐다보는 물건들이 다르며 점심에 먹는 식사 메뉴가 다르다. 간혹 주변 사람들과 비슷할 수 있는 상황이 있다 하더라도 이야기를 나누다 보면 생각의 차이가 드러나고 추구하는 것이 다르다는 것을 발견할 수 있다. 이렇듯 우리 모두는 각자의 삶을 살면서 서로 다른 각자의 경험을 쌓아가고 있다.

경험의 차이는 생각의 차이를 만든다. 이런 생각의 차이를 발견한 사람들은 흔히 "우린 사고방식이 달라."라고 말하거나 "우린 대화가 안 통해."라고 상대에게 벽을 쌓아버리고 만다. 상대가 나와 생각이 다른 것은 너무나 당연하다는 것을 이해하지 못하기 때문에 나타나는 현상이다. 이 부분을 거꾸로 생각해보자. 내가 다른 사람들과 생각이 다르다는 것은 어떤 의미일까? 그것은 이 세상에 하나뿐인 내 생각을 세상에 소개했다는 것이다. 생각이 다르다는 것은 잘못된 것이 아니라 당연한 것이며 내가 만든 방법론이, 나의 세계관이

이 세상에 표현되고 있다는 사실이다. 이것이 바로 창의적 사고인 것이다. '창의'라는 단어를 사전에서 찾아보면 '새로운 의견을 생각하여 내거나 그 의견 자체'라고 나온다. '의견'은 다른 말로 '나의 생각'이라 할 수 있으며 나의 생각은 세상 어느 누구와도 같을 수 없기에 이렇게 독창적인 '나의 생각'을 표현하는 것이 곧 '창의'인 것이다.

많은 사람들은 스스로 창의력이 없다고 생각한다

그렇다면 왜 많은 사람들이 스스로 창의적이지 않다 생각하고 창의적인 아이디어를 내는 것을 어려워하는가? 이유는 간단하다. 첫째 '내 생각을 표현하지 않기 때문'이다. 내 의견을 말했을 때 혹시 다른 사람들이 틀렸다고 말하거나 무시할까 염려하여 아예 생각을 밖으로 드러내지 않는다. 둘째, '나만의 생각'을 표현하려면 생각을 정리하는 수고가 있어야 한다. 그러나 대다수의 사람들은 생각의 정리를 위해 생각하는 일을 매우 싫어한다. 분명 우리들은 사람과 동물의 가장 중요한 차이점을 '생각하는 것'이라고 알고 있다. 그럼에도 불구하고 사람들은 생각하며 살기보다는 동물적 본능에 따라 편하게 살아가는 것을 더 좋아한다. 그래서 '나만의 생각을 정리하는 것'을 귀찮아하고 자기의 생각표현도 부담스러워 하는 것이다. 세 번째로는 나만의 생각을 만들어주는 '나만의 경험'이 부족하기 때문이다. 생각은 환경을 통한 자극에서 시작된다. 그것을 경험이라고 한다. 따라서 자기만의 생각을 가지려면 자기만의 경험이 있어야 한다. 하지만 자기만의 경험을 갖는다는 것은 물리적으로 어려움이 많다. 시간과 금전적 한계가 있기 때문이다. 그럼에도 불구하고 자기만의 경험을 쌓아갈 수 있는 것이 있다. 다름 아닌 독서와 토론이다. 독서를 통해 간접경험을 쌓아도 충분히 자신의 생각을 자극할 수 있으며 독서를 통한 토론의 시간에는 자신만의 생각을 만들어 내기 때문이다.

이것을 정리해보면 창의적이지 않는 이유는 다음과 같다.

1. '나만의 생각'을 만들어주는 '나만의 경험'의 부족
2. '나만의 생각'을 남에게 표현하기 위해 '생각의 정리'를 해야 하는 문제
3. '나만의 생각'이 있어도 '표현하지 않는' 문제들이다.

미래인재가 토론교육으로 만들어지는 이유

창의력문제를 해결하려면 어떤 훈련을 해야 하는가? 첫째, '나만의 경험 쌓기'는 독서와 토론으로 가능하다. 둘째, '생각을 정리하는 능력' 또한 토론을 통해서 자연스럽게 습득할 수 있는 역량이다. 셋째, 표현의 두려움 없애기 또한 토론하는 기회를 자주 갖게 되면 쉽게 치료될 수 있는 문제이다. 결론은 토론교육이 '미래인재 양성의 길'이라는 사실을 알 수 있다. 생각해보면 우리가 창의적이라 말하는 예술가나 기업가, 학자들은 전부 이러한 경험과 능력을 가진 사람들이다. 붓질을 차분하게 하던 기존의 미술기법을 뒤엎고 '액션 페인팅'이라는 흩뿌리는 표현으로 세계적인 예술가가 된 잭슨 폴록, '아이폰'이라는 혁신적인 제품으로 세상을 바꾸어 놓은 스티브 잡스, 질량과 에너지가 상호 교환된다고 주장하여 종래의 물리학을 뒤집은 상대성이론의 아인슈타인 등은 자신들만의 생각에 충실한 사람들이었고 그 생각들을 모든 사람에게 설득시

킨 뛰어난 표현의 능력자들이었다. 또한 그들의 살아온 이야기들을 보면 얼마나 독특하게 자기만의 생각을 가지고 행동해왔는지 알 수 있다. 따라서 미래의 인재를 키우고자 원한다면 위에서 살펴본 창의력 생성의 원리에 따라 교육의 방향성과 방법들을 제시해야 하는데 그것에 대한 해답은 토론교육에 있다.

첫째, 생각의 원천인 나만의 경험을 위해, 독시와 토론이 필요하다.

둘째, 자신만의 생각을 정립하기 위해, 토론을 통한 논리적 사고 훈련이 필요하다.

셋째, 자신의 생각을 효과적으로 표현하기 위해, 다양하게 토론훈련을 해야 한다.

그러나 더욱 중요한 부분은 토론교육에 관한 사회적 인식의 변화에 있다. 이것은 자라나는 아이들보다 토론을 도외시하는 어른들의 문제가 인재양성의 장애요인이 된다는 것이다. 예를 들어 많은 사람들이 '다르다'와 '틀리다'를 잘 구별하지 못하고 혼동해서 쓰는 것을 볼 수 있다. 그것은 우리가 '옳다'라는 표현, '정답'에 많은 가치를 부여하고 있다는 것을 보여주는 현상이다. '다르다'는 남들과 차별적인 점이 있다는 의미의 different이고, '틀리다'는 바람직하지 않다는 의미의 wrong이다. 하지만 주위에서 흔히 '나와 다른' 사람을 '그 사람은 틀리다.'고 말하는 사람을 보게 된다. 그는 자신도 모르게 '다른 것이 틀린 것'이라는 사고방식이 자리 잡고 있는 것이다. 혹시 이런 경험이 있는 사람은 생각이 없는 어른이라는 지적에서 벗어날 수 없다. 이런 어른들이 많은 사회는 자신의 생각을 표현하지 못하게 하는 사회를 만들게 되고 그러한 사회는 아이들의 창의력, 즉 생각하는 힘을 방해하는 사회다. 이제 어른들은 우리 사회 안에 있는 미래인재 양성의 방해요소들을 제거해야 한다. 그것은 다름 아닌 토론교육에 대한 어른들의 인식을 바꾸는 것이다. 이것을 위해서는 어른들부터 책을 읽고 토론하는 문화를 만들며 '생각하는 어른, 생각하는 사회' 만들기를 시작해야 한다.

Chapter 5

디스커션, 디베이트, 하브루타의 이해

토론수업과 토론식 수업

토론교육을 논하기 위해서는 개념정리가 필요한 부분이 있다. '토론수업'과 '토론식수업'이다. 토론수업이란 토론의 역량을 향상시키기 위한 목적으로 하는 수업이고 토론식 수업은 교과목이나 독서 등의 교육을 위해 다양한 토론방법을 도입한 수업을 말한다. 토론식수업 방법으로는 토의(discussion)와 토론(debate)으로 진행되어 왔으며, 최근에는 하브루타(habruta) 방식으로 수업을 진행하기도 한다. 그뿐만 아니라 토의, 토론, 하브루타라는 토론방식 안에는 각기 또 다른 다양한 형식과 방법을 가지고 응용해서 만들어진 토론식 수업방법이 있다. 토론수업은 토론을 잘하기 위한 토론역량을 훈련하는 수업이다. 예를 들어 엄격한 형식이 있는 찬반토론 방식 토론을 배우는 '디베이트 수업'과

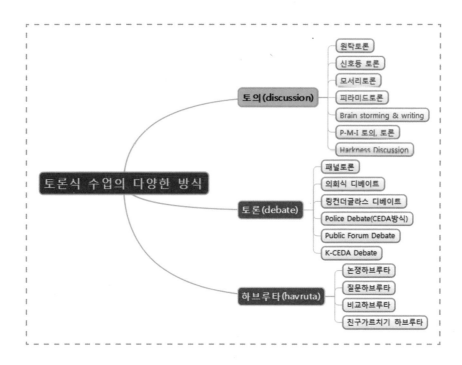

이렇게 배운 방식으로 교과수업을 진행하는 '디베이트 방식 토론수업'으로 비교할 수 있다. 디베이트 수업에서는 논제를 분석하는 법, 입론서 작성을 위한 논리세우기 연습, 상대팀의 논리를 무너뜨리기 위한 반론기법 훈련, 설득을 위한 최종변론, 다양한 디베이트 형식에 맞춰 발언하는 연습 등을 가르친다. 아이들이 정기적으로 이러한 교육을 받게 되면 자신도 모르는 사이에 논리적 사고와 비판적 사고, 풍부한 표현력과 설득능력 등을 얻게 된다. 이것이 디베이트 방식 토론교육의 매력이다.

디베이트 방식 토론수업은 교과목 수업이나 독서수업에서 학습효과를 극대화하기 위해 '디베이트'라는 토론방식이 사용되는 수업이다. 우선 교사는 교과목이나 선정된 도서 안에서 논제를 찾아 제시한다. 학생들은 그 논제에 따라 찬반 양측으로 팀을 나눠 입론, 반론, 교차토론, 재반론, 최종변론 등의 순서에 따라 자신들에게 주어진 입장의 타당성을 논증을 해나가는 수업방식을 말한다. 이러한 방식의 수업은 선생님이 가르쳐주는 강의식 수업보다 학습효과 면에서 몇 배의 효율성을 갖고 있다. 이러한 결과의 가장 큰 이유는 자기주도성이라는 준비과정과 찬반 의견개진을 위해 충분히 내용을 숙지해야 발언이 가능한 토론의 특성에 있다. 특히 학습의 동기부여 부분에서는 토론을 마친 후 양 팀의 승패를 가르는 스포츠게임 형태가 큰 몫을 하는 수업방식이다. 그뿐만이 아니다. 디베이트 방식 수업에서는 논제에 대한 폭넓은 자료조사와 정리가 반드시 필요하다.

예를 들어 초등학교 6학년 과학에서 에너지에 관한 단원을 배울 때 '탈 원전 정책 실시해야 한다.'라는 주제로 수업을 전개한다고 가정하자. 아이들이 조사해야 할 배경지식은 에너지의 종류, 에너지 생산을 위한 비용 산출, 에너지 생산 과정에서 나타나는 환경문제, 에너지 생산시설, 주변 주민들과의 갈등해결 등 무궁무진하다. 이로 인해 얻어지는 학습효과는 단순히 원자력발전에 대한 과학적 지식에 머물지 않는다. 오히려 국내 에너지 산업의 구조에 대한 이해라는 사회과목, 공공사업과 주민간의 이해충돌이 생길 경우 갈등해결방안이라는 사회와 도덕 국어의 복합적 영역, 에너지 소비와 비용문제 등의 사회 경제 부문 등 다양한 영역이 다루어진다. 따라서 단순 암기식 학습이 아닌 폭넓은 배경지식의 습득과 상황에 대한 이해와 최선의 방법과 가치를 선택하는 판단력을 길러주는 복합적인 교육이 이루어진다.

토론식 수업은 토의(Discussion)와 토론(Debate)이 섞여서 사용된다

토론식 수업의 다양한 방식에 나오는 모든 토론식 수업은 그 방법이 어떠하든지 토의라는 성격과 토론이라는 성격의 토론 방법이 혼용되어 사용된다. 즉 의논하며 협력하는 형태인지, 찬반으로 대립하여 논리를 전개해 나가는 형태인지 둘로 나뉜다는 것이다.

 토론(토의, 토론)

토의(Discussion) 공동의 관심사나 문제를 가지고 협동적 결론을 얻는 것
• 방법: 협력적 사고 • 목적: 바람직한 방안 모색

토론(Debate) 쟁점이 분명한 문제에 대해 찬, 반으로 나눠어 상대방을 설득하는 것
• 방법: 자신의 의견을 따라 대립적인 주장을 내세움 • 목적: 자신의 생각을 상대방에게 설득

토론교육 교사는 토의와 토론을 수업에서 사용할 때에 각각의 교육효과를 감안하여 수업내용과 목표에 따라 토의와 토론을 적절히 활용하는 것이 바람직하다. 단 토의가 되었든지 토론이 되었든지 효율적인 토론식 수업을 위해서는 아이들에게 듣기훈련과 논리적 주장, 반론하기와 설득하는 최종변론 등은 반드시 훈련해야 한다.

사고의 폭을 확장하는 토의, 사고의 깊이를 더하는 토론

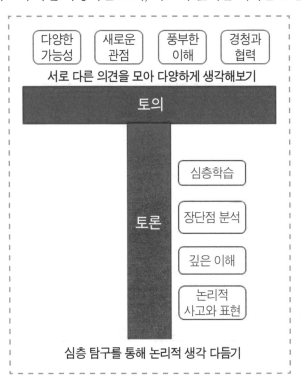

토론교육에서 가장 중요한 것은 선생님의 질문과 질문에 대한 가르침이다

토의·토론을 통한 토론식수업은 선생님의 질문으로 시작하게 된다. 물론 다양한 토의방식과, 토론방식으로 수업을 디자인할 수도 있지만 수업내용에 대한 아이들의 이해가 부족하거나 수업진행을 위해 준비해와야 하는 자료조

사가 안 되었을 때 이 난관을 뚫고 학습효과를 만들어내야 하는 것이 선생님의 능력이다. 그 능력이 바로 질문의 역량이다. 특히 수업내용에 대한 이해력의 부족문제는 선생님의 인내와 친절함이 깃든 질문만이 해결해 나갈 수 있는 유일한 방법이다. 아울러 토론형식에 따라 아이들이 수업을 잘 진행하려면 아이들 스스로 자신들에게 수많은 질문을 던질 수 있어야 한다. 첫째, 무엇에 관한 토론이지? 둘째, 어떻게 이야기를 전개해 나가야 하지? 셋째, 나는 왜 이러한 입장을 말해야 할까? 넷째, 만약 내가 이렇게 발언하면 어떤 반대의견이 있을까? 아니면 이 문제가 해결 되려면 더 좋은 방법은 무엇일까? 등에 대한 질문들이다. 토론식 수업은 토론방법만 가지고는 성공할 수 없다. 토론수업의 완성도는 선생님과 아이들의 질문역량으로 이루어지기 때문이다.

하브루타에 대한 오해와 진실

우리 사회는 유행에 참으로 민감하다. 이러한 현상은 교육현장에서도 피해갈 수 없다. 한동안 유행하며 전국적으로 등장했던 '자기주도학습센터'를 예로 들 수 있다. 자기주도학습방법은 공교육교사들에게 마법의 학습방법처럼 인식되어 많은 교사들이 이에 관련된 연수를 받았다. 그러나 최근에 와서는 더 이상 자기주도학습이라는 것이 교육방법으로 거론되지 않고 있다. 그뿐만 아니라 중고등학교에서 유행한 '거꾸로 수업(플립러닝)'이라든지 초등학교에서 유행한 '배움중심수업' '슬로리닝' 등이 있었고 사교육과 공교육 모두 '디베이트' 교육 열풍과 더불어 '하브루타'라는 유대인의 교육문화가 하나의 학습방법으로 유행하였다.

이러한 여러 가지 방법의 교수학습법들이 쓸모가 없는 것은 전혀 아니다. 나름 다 의미가 있고 매우 중요한 교육방법이 그 안에 보물처럼 자리 잡고 있다. 그러나 문제는 이러한 보물들이 상업성에 묻히거나 본질보다는 방법에 치우쳐 빛을 바래는 경우가 있다는 현실이 안타깝다. 특히 자기주도학습이 그렇다. 자기주도학습은 교육방법이기 때문에 태도의 변화도 요구되는 것이다. 하지만 태도의 변화를 주는 교육방법을 마치 주체적으로 공부할 수 있는 것으로 착각하였기 때문에 자기주도학습은 사장되고 만 것이다. 하브루타도 그렇다. 아직까지 전국적으로 하브루타 학습센터들이 생겨나고 있지만 이것도 자기주도학습처럼 곧 유행으로 시들고 말게 될 것이다. 왜냐하면 하브루타는 토론교

육방법이 아니라 토론을 중심으로 한 유태인의 교육문화이기 때문이다. 하브루타 안에는 질문과 대화 토의와 논쟁이라는 토론의 요소가 모두 복합적으로 들어있다.

하브루타가 갖는 가장 중요한 교육적 의미는 질문하고 답하는 1:1 토론문화를 형성하는 것이다. 그러기 위해서 질문의 역량을 훈련해야 하는 것이며 그 질문의 핵심은 항상 "다른 생각, 새로운 생각"이라는 기준으로 질문을 만들어내는 것이다.

하지만 현재 우리나라에서 시행되고 있는 하브루타 교육에는 논리성이 빠져 있다는 커다란 맹점이 있다.

다름 아닌 하브루타를 가르치고 계신 선생님들 중에는 논쟁하브루타에 대한 역량이 부족한 분들이 있다는 것이 그동안 교사연수나 사교육선생님들 연수를 하면서 느낀 점이다. 그렇다 보니 하브루타 교육을 질문 만들기에 집중하며 질문만 만들면 된다고 오해하는 경우기 있다. 하브루타 교육은 철저하게 질문으로 시작해서 대화하는 과정에서 논쟁까지 유도하면서 어떤 주제에 대해 깊이 탐구해 나가는 교육형태다. 그리고 다시 한번 강조하면 하브루타는 유대인들의 토론하며 사는 삶, 즉 그들의 문화이지 학습방법이 아님을 알아야 한다.

제 2 장

WHAT

토론 역량이란?

토론교육을 하는 선생님과 토론교육에 관심 있는 학부모들이라면 대부분 공감하며 궁금해하는 것이 있다. '어떻게 해야 토론을 잘하게 할 것인가?'라는 질문이다.

이 책을 집필하게 된 동기 또한 이러한 질문에서 출발했다. 본 장에서는 이에 대한 해답을 찾아보고자 한다. 토론을 잘하려면 첫째, 생각하는 힘과 표현하는 방법의 훈련이 필요하며 둘째, 논제를 분석할 줄 알아야 하고 세 번째로는 이 모든 것을 체화시켜 나가는 '질문 역량'이 필요하다. 이상의 세 가지 토론역량을 이번 장에서 설명하였으며 특히 그중에 논리적 사고와 비판적 사고, 창조적 사고에 대하여 강조하였다.

토론의 기초역량 5가지

　경기도에 있는 초등학교에서 5~6학년 학생들을 대상으로 디베이트 교육을 해달라는 요청을 받고 프로젝트 수업을 진행했을 때의 경험이다. 학년 전체를 대상으로 각 반마다 8시간씩 4차시로 나누어 디베이트를 가르쳐달라는 요청이었다. 어쩌면 이 책을 집필하게 된 동기가 이 아이들과의 만남에서 시작되었다고 말할 수 있다. '디베이트' 방식 토론은 토론역량이 잘 갖춰진 아이들이 할 수 있는 토론방식이다. 그렇지 않을 경우 아이들이 흥미를 느끼지 못하거나 아예 디베이트 수업을 포기하게 된다. 따라서 아이들에게 토론역량을 훈련하는 일이 선결되어야 디베이트 방식 토론의 즐거움과 학습효과를 맛볼 수 있다. 그러나 우리의 토론교육현실은 아직 갈 길이 멀다라고 말할 수 있다. 5~6학년에게 공통적으로 나타나고 있는 토론수업이 어려운 점은 기초적인 시고력과 표현력의 부족이었다. 그 현상들은 다음과 같은 모습들이다.

1. 생각하지 않는 아이들
2. 한 문장을 완성하지 못하는 아이들
3. 이유와 근거가 없는 대답과 발표들
4. 상대의 이야기에 대하여 의문점(질문)이 없는 아이들
5. 대안(남과 다른, 새로운)을 찾지 않는 아이들

토론수업을 하려면 토론하는 방법을 가르치기 전에 먼저 아이들이 갖추어야 할 기초역량을 훈련하는 것이 필요하다. 그러나 아이들의 기초역량 수준은 어느 학교나 동일하게 개인차이가 있기 마련이다. 이것이 공교육현장이 지니고 있는 토론교육 실행의 어려운 점이다. 토론수업은 각 반에 적어도 구성원의 절반 정도가 위에 열거한 문제에서 벗어나야 효율성이 있다. 그 이유는 토론수업은 항상 모둠을 나누어 그 안에서 자기들끼리 토의를 해야 하기 때문이다.

토론수업은 그 어떤 형식이든 참여하고 협력해야 진행할 수 있기 때문에 원활한 토의, 토론 수업을 하려면 한 모둠 안에 2명 이상의 기초역량 보유자가 있어야 토론수업이 활기를 띠게 되고 수업의 진행이 가능해진다. 반면에 사교육에서의 토론수업은 개인의 기초역량 차이가 더 민감하게 작용한다. 먼저 토론수업의 질이 저하될 우려가 있고 아이들끼리 위화감이 조성되거나 역량이 부족한 아이는 마음에 상처를 받을 수 있다. 따라서 사교육에서 개인의 토론역량 차이는 토론그룹을 결성하거나 수업을 지속시키는 것에 많은 영향을 미친다. 이와 같이 공교육 현장이나 사교육 모두, 원활한 토론수업을 위해서 공

통적인 첫 번째 과제가 아이들의 토론의 기초역량 훈련이다. 그 내용들은 다음과 같다.

토론의 기초역량

1. 사기 생각 만들기 – 사고력
2. 말하기 문장을 완성하기 = 표현력
3. 의견을 말하고 이유와 근거를 가지고 설명하기 = 논리력
4. 비판적 듣기와 질문하기 = 분석력
5. 해결책(남과 다른, 새로운) 찾기 = 문제해결능력

토론의 기초역량 훈련은 가정에서부터 시작해야 한다

많은 아이들이 말끝을 흐리거나 대충 몇 개의 단어로 말하는 습관이 있다. 이러한 습관은 자신의 생각이 분명하지 않거나 자신감이 없을 때 나타난다. 이러한 아이들의 습관은 하루 빨리 고쳐주어야 한다. 그 이유는 그대로 방치될 경우 자칫 사고력이 둔화되거나 사회성이 떨어지는 결과를 초래할 수 있기 때문이다. 그런데 안타까운 점은 많은 부모님들이 아이의 표현력이 부족한 문제에 대하여 치료해주려는 노력보다 아이의 부족함을 나무라거나 대수롭지 않게 생각하는 경우가 있다는 것이다. 부모는 아이들의 언어습관 치료를 위해 석극석으로 내서해야 한다. 아이의 언어교정 문제는 사회성 밑덜에까지 영향을 미칠 수 있고 아이의 사회성 훈련의 출발은 가정이기 때문이다. 아이들은

가족과 함께 있을 때 긴장감 없이 지낼 수 있고 자신의 생각을 편하게 말할 수 있기에 자신의 생각을 표현하는 훈련으로써는 가정이 가장 좋은 사회성 훈련의 장이다.

가정에서는 아이들의 생각과 표현력 향상을 막는 두 가지 장애요인을 없애야 한다. 첫째, 타박하는 언어를 사용하지 말아야 한다. "너는 말이 왜 그러니?" "너는 애가 왜 그렇게 주눅 들어 있어?"라고 타박하기 전에 아이에게 왜 이런 습관이 생겼는지 알아야 한다. 대부분의 원인을 살펴보면 부모의 언어나 양육태도가 멘토형이 아니고 권위형일 때 아이에게 이런 증상이 나타난다. 둘째, 침묵하는 가정이 되어서는 안 된다. 아이의 학교성적을 가지고 스트레스를 주는 일, 인터넷게임이나 TV 시청하는 모습을 보았을 때 화를 내는 일, "공부해라, 학원 가라, 숙제 했니, 밥 먹어."와 같은 2~4음절로 끝나는 지시어와 잔소리 등이 아이들을 침묵하게 만드는 요인들이다.

부모로부터 타박을 받는 것이 아니라 전폭적인 지지와 믿음을 받고 자란 아이들은 대화하는 방법이 남다르다. 아이들을 타박하지 않는다는 것은 부모가 자녀에게 갖고 있는 불만을 해소하기 위해 자녀와 대화하는 노력을 했다는 반증이 담겨 있다. 따라서 이러한 가정의 아이들은 친구들과 의견이 맞지 않을 때 우기거나 화를 내지 않고 침착하게 대처한다. 그뿐만 아니라 자신의 생각을 적극적으로 표현하고 상대를 논리적으로 설득하려는 노력을 한다. 이처럼 가정에서 하는 토론의 기초역량 훈련이란 부모가 자녀들의 부족한 부분을 나무라는 것이 아니라 부모의 불만요소를 자녀와 대화하며 풀어 가는 것이다. 아이들은 부모의 모습을 보며 자신들도 자연스럽게 자신의 생각을 말할 수 있게 되고 그것이 사고력과 표현력의 토대로 생성되는 것이다.

초등학교에서 하는 토론의 기초역량 훈련

1. 자기 생각 만들기(전 학년)
2. 말하는 문장을 완성하기
3. 이유와 근거를 가지고 설명하기

- 토론수업에 앞서 선생님은 학년에 적절한 주제를 여러 가지 준비한다. 예를 들면

"저는 학교에 오는 것이 즐겁습니다."

"제가 좋아하는 색깔은 ×××색입니다."

"제 친구를 자랑하겠습니다."

"지난주에 제가 읽은 책을 여러분에게 추천하고자 합니다."

"봉사활동은 더 적극적으로 참여해야 합니다."

- 이러한 주제를 모둠별로 인원에 따라 각각 다른 주제를 주어 발표하게 한다.
- 주제를 나눠준 후 약 5분간의 생각할 시간을 주고 모둠을 돌아가며 한 사람씩 발표하게 한다.

이 과정을 훈련해야만 위에 제시한 세 가지 역량 모두를 동시에 만족시킬 수 있다. 주제에 대한 자신의 의견을 발표하려면 생각을 해야 하고 자신만의 생각을 만들어야 한다. 그리고 학생들이 발표할 때에 교사는 문장의 완성을 도와주어야 한다. 이때 적어서 읽는 발표는 절대 금물이다. 즉흥적으로 머릿속에서 자신의 생각을 정리해서 발표하는 것이 문장의 완성도를 훈련하는 데 도움이 된다. 다만 교사는 아이가 문상 이어나가기를 어려워하면 그 다음에 어떻게 문장을 이어나갈지 예를 들어 보여주는 것이 좋다. 그러나 다시 한번 학생 스스로가 완성된 문장으로 표현하도록 요청을 하는 것이 바람직하며 문

장 완성이 이루어질 때까지 반복해서 하도록 한다. 또한 발표내용 안에는 이유와 근거사례가 반드시 들어가 있도록 훈련해야 한다. 이러한 방법을 일주일에 한 번 정도 꾸준히 훈련하면 토론의 역량을 충분히 갖출 수 있게 된다.

사교육 수업에서 하는 토론의 기초역량 훈련

사교육에서의 토론교육은 주로 독서활동과 연계하여 이루어지고 있다. 이것은 바람직한 방법이라 할 수 있다. 그러나 학습지에 의존하는 토론교육은 아이들의 사고력 신장이나 논리력 훈련에 큰 도움이 되지 않는다. 오히려 아이들이 정형화된 답변을 하게 만드는 습관을 갖게 될 우려가 있다. 사교육에서의 토론교육의 효과는 전적으로 선생님의 역량에 달려 있다고 생각한다.

실질적인 수업의 예를 들어보자. 초등학교 4학년 아이들과 『파랑새』라는 책을 가지고 독서토론 수업을 할 때였다. 아이들에게 몇 가지의 배경지식을 활성화하는 질문을 던지면서 수업을 시작하였다. 먼저 "책의 제목을 왜 『파랑새』라고 했을까?"부터 시작했다. "꿈이란 단어가 어떻게 사용되는지 아는 대로 말해볼까?", "너희들이 파랑새와 같은 책을 쓴다면 어떤 상황을 가지고 이야기로 꾸밀지 생각해볼까?" 등의 질문을 가지고 이야기를 이어 나갔다. 물론 책내용을 가지고 계속해서 아이들의 생각을 물었고 다른 아이의 생각에 대하여 또 다른 입장에서 의견을 내도록 요청하는 등 자유롭고, 풍부하게 생각하도록 진행하였다. 그러면서 질문과 대답의 중간 중간에 추임새와 같이 반드시 집어넣는 질문이 있었다. "그렇게 생각하는 이유가 무엇일까?"라는 질문이다. 아이들은 자연스럽게 이유를 찾아 대답하기 시작한다. 그리고 이유에 대한 설명 앞에 반드시 '왜냐하면'이라고 붙여서 시작해 달라고 부탁을 한다. 이유에 대한 답이 끝나면 "그렇다면 우리의 이해를 돕기 위해 사례를 들어줄래요?"라고 요청하면 아이들은 또 다시 '예를 들어'라는 말을 사용하면서 사례를 들기 시작한다. 이처럼 아이들은 선생님의 발문으로 생각을 하게 되고, 표현을 해나가면서 중간에 선생님이 짚어 주는 질문들로 논리적 사고와 표현력이 더욱 튼튼해지고 구체화되어 간다.

4. 비판적 듣기와 질문하기

토론에서 필요한 두 가지의 커다란 기능은 주장과 반박이다. 주장이란 자기 자신의 의견을 논리적으로 표현하는 것이며 반박이란 상대가 말하는 것에 대하여 내용을 분석하고 의도를 파악하여 오류를 지적하거나 다른 대안을 제시하는 것이다. 아이들에게 필요한 토론의 기초역량도 여기에 기준한다. 앞에서 제시한 ①항~③항이 주장에 관련된 기능이라면 ④항~⑤항은 반박에 관련된 기능이다.

대부분의 초등학교 아이들이 토론교육을 접하기 전까지는 다른 사람의 이야기를 거의 비판 없이 듣고 받아들인다. 이러한 아이들의 성향은 긍정적으로 보았을 때 순수함으로 받아들일 수 있다. 그러나 초등학교 고학년부터는 지식수준이 발달하고 행동반경이 넓어지면서 자신을 사회의 일원으로 생각하기 때문에 생각의 충돌을 경험하고 그로 인한 문제들을 인식하기 시작한다. 이때 필요한 것이 다른 사람들의 생각과 행동에 대한 내 입장을 갖고자 하는 훈련이다.

아이들은 다른 사람의 이야기를 듣고 그것에 대하여 자신의 생각을 갖는 것을 귀찮아하거나 힘들어한다. 이러한 모습의 원인과 배경에는 부모의 잘못된 교육방식이 자리 잡고 있다. 그 이유는 아이들이 스스로 생각하고 판단할 필요성을 느끼지 못하도록 아이들의 일을 부모가 결정해 버리기 때문이다. 그러다 보니 내 생각, 내 의견을 갖는다는 것이 귀찮고 힘들어져 버렸다. 그러나 사회생활에서는 다른 누군가의 생각과 판단으로 살아갈 수 없다. 자신이 판단하고 자신이 결정해야 하는 것이 사회생활이기 때문이다.

판단하기 위해 훈련해야 하는 역량이 비판적 듣기다. 비판적 듣기란 다른 사람들의 생각과 판단, 행동들에 대하여 내가 알고 있고 느끼는 것과 비교하고 분석하며, 평가하는 것을 말하는 것이다. 다른 이의 이야기를 들을 때는 기본적으로 다음 세 가지의 질문을 해야 하는데 이것을 비판적 듣기라 한다.

첫째, 이야기의 내용이 사실일까? 그 사실이란 근거가 있는가?
둘째, 왜 이렇게 말하는 것일까? 의도가 무엇일까?
셋째, 이 사람이 말한 것이 최선의 방법일까? 더 좋은 대안은 없을까?
이렇듯 비판적 듣기와 질문은 토론에서 가장 기초적인 것이며 중요한 역량이다.

5. 대안을 제시하기

자신의 생각을 갖는다는 것이 단순하게 자신의 필요와 욕구의 수준이 되어서는 안 된다는 것이 중요하다. 다른 사람들과 함께 살아가는 사회생활에서는 '자신의 생각'을 갖되 그 생각이 '바람직한 생각'이 되어야 하기 때문이다. 왜냐하면 더불어 살아가는 생활 속에서 자신의 생각만을 내세워 문제를 발생시키지 말고 바람직한 생각으로 조화롭게 살아가는 삶을 살 수 있도록 해야 한다. 이를 위해서 토론수업에서는 '또 다른 생각, 새로운 생각, 더 바람직한 생각'이라는 기준을 가지고 문제해결을 위한 대안을 발표하는 훈련을 해야 한다. 이 훈련은 매 수업시간마다 반복해서 해야 하며 자신의 생각을 만들 때는 반드시 '비판적 사고력'에 초점을 두고 이것을 활용하도록 가르쳐야 한다.

예를 들어 다른 사람들이 어떤 주제에 대하여 발표했을 경우 위에서 말한 비판적 듣기의 세 가지 질문을 가지고 내용을 분석하며 듣도록 해야 한다. 자신이 비록 토론에 직접 참여하지 않는다고 하더라고 항상 자신만의 답안을 갖도록 하는 훈련을 시켜야 한다. 교실수업에서 이 훈련을 실행할 때는 선생님의 역할이 매우 중요하다. 첫 번째 방법은 선생님이 의도적으로 어떠한 내용에 대하여 이야기를 해주고 이에 대한 아이들의 다른 생각을 발표하도록 하는 연습이다. 둘째, 모둠수업 시간에 한 모둠이 발표하면 다른 모둠이 그 발표한 내용에 대하여 평가하도록 하는 방법이다. 이때는 다른 모둠의 발표내용에 대하여 일차적으로 부족한 점을 지적하도록 하고 그 후에 반드시 더 좋은 대안을 제시하도록 하는 훈련이 중요하다. 이러한 방법은 비판적 사고력과 대안제시 능력을 함께 훈련하는 토론수업방법이다.

Chapter 2

논제분석으로 기르는
통찰력

토론을 잘하려면 논제 분석이 우선이다

잡담이 아니라면 모든 대화에는 주제가 있다. 그리고 그 주제에 맞는 대화가 이루어져야 대화하는 목적이 이루어질 수 있다. 모든 모임과 회의에서도 함께 모여 해결하고자 하는 주제를 발표하고 그 주제에 맞는 이야기를 전개해 나가야 한다. 만일 주제에서 벗어난 의견을 발표할 경우 다음부터 그 사람에게는 발언기회가 줄여들 수밖에 없다. 왜냐하면 또 다시 주제와 관련 없는 발언을 한다고 생각하기 때문이다. 의사소통을 위한 대화나 회의보다 더 조직적으로 발전한 소통의 방법이 토론이다. 그렇기 때문에 토론은 대화나 회의보다 주제를 더욱 중요시 여기며, 토론에서 다루는 주제를 '논제'라고 한다. 토론교육에서 본격적으로 토론의 기법을 훈련하기 시작할 경우 첫 번째로 가장 중요하게 다루어야 할 부분이 '논제분석'이다. 즉 토론해야 할 주제에 대한 분석이고 내용 파악인 것이다. 특히 디베이트 방식 토론교육은 '논제'를 다루는 교육이라 해도 무방할 정도로 논제를 다루는 훈련에 집중해야 한다.

논제를 분석한다는 것은 첫째, 논제가 말하고자 하는 문제가 무엇인지 그 의미를 파악하는 것이다. 예를 들어, 최근에 학교에서 "중고등학생의 색조화장 허용해야 한다."라는 논제를 토론의 주제로 많이 다루고 있다. 이는 중고등학생들이 진한 색조화장을 하고 다니게 되면서 사회인과 구별이 안 되는 것이 문제가 된다는 것이다. 학생으로서 금지된 행동을 거리낌 없이 하거나 색조화장 구입에 필요한 용돈문제, 색조화장으로 인한 건강상 이유 등 여러 가지 사회적 문제가 발생하고 있다는 것에 기초하여 논제가 만들어진 것이다. 이처럼 논제가 나오게 된 배경을 파악하는 것이 논의배경이다.

둘째, 문제의 상황을 파악하는 것이다. 학생들의 색조화장이 얼마나 사회적 문제가 되고 있는지, 색조화장을 금지하고 있는 현재의 상황이 언제부터 이루어졌으며 왜 이루어졌는지 등을 파악하는 작업이다. 이때에는 과거와 현재, 미래 등의 시간적 차이에서 어떻게 변화되고 있는지와 동서양이나 국가별 또는 지역별 현황은 어떤지 등의 지역적 차이를 분석해보는 것도 필요하다.

세 번째로, 찬성하는 입장과 반대하는 입장이 가지고 있는 가치관은 무엇인가를 찾아보아야 한다. 즉 왜 찬성하는지, 왜 반대하는지 그 입장들의 중심에는 어떠한 판단기준이 있는지를 찾아보는 것이다. 예를 들어, 중고등학생들의 색조화장을 금지시키자는 입장에서는 '학생'이라는 신분에 대한 해석을 '자기결정권'을 부여할 수 없는 미성숙한 존재로 판단하는 것이며 금지하지 말아야 한다는 입장에서는 학생들도 행복추구권과 자기결정권이 보장되어야 한다는 입장에서 주장을 한다고 볼 수 있다.

이러한 논제분석의 과정에는 무엇을, 어떻게, 왜라는 세 가지 질문을 가지고 진행해야 하며 그 질문을 정리하면 아래와 같다.

논제분석 방법

1. (무엇을) 논제가 말하는 문제는 무엇에 관한 것인가?
2. (어떻게) 논제가 말하는 문제는 어떻게 전개되어 왔는가?
   (시간과 공간, 계층적 측면에서 분석)
3. (왜) 찬성하고, 반대하는지 각각의 입장은 어떤 이론을 가지고 있는가?

- 답은 논제 안에 있다.
- 논제에 나타나 있는 핵심어를 찾아라.
- 문장에 표현되지 않은 숨은 의미를 찾아내라.
- 서로 대립하는 두 개의 가치관을 파악하라.

이와 같은 질문은 논제분석을 짜임새 있게 만들어주며 토론을 위한 리서치의 방향과 방법을 찾게 함으로 튼튼한 논리를 세우는 기본 틀을 만들어준다. 여기에서 좀 더 깊이 있고 구체적인 논제분석과 리서치의 상관관계를 살펴보기 위해 또 다른 논제로 예시를 들어보겠다.

 예제

인공지능은 인간에게 득인가? 실인가?

1. 무엇에 관한 토론인가? : 인공지능에 의한 4차 산업혁명 시대

[배경지식 리서치 1] 인공지능이란?

인간의 학습능력과 추론능력, 지각능력, 자연언어의 이해능력 등을 컴퓨터 프로그램으로 실현한 기술로 인간의 지능으로 할 수 있는 사고, 학습, 자기계발 등을 컴퓨터가 할 수 있도록 하는 방법을 연구하는 컴퓨터 공학 및 정보기술의 한 분야로서, 컴퓨터가 인간의 지능적인 행동을 모방할 수 있도록 하는 것을 인공지능이라고 한다.

또한 인공지능은 그 자체로 존재하는 것이 아니라, 컴퓨터 과학의 다른 분야와 직간접으로 많은 관련을 맺고 있다. 특히 현대에는 정보기술의 여러 분야에서 인공지능적 요소를 도입하여 그 분야의 문제 풀이에 활용하려는 시도가 매우 활발하게 이루어지고 있다.

① 자연언어처리(natural language processing) 분야에서는 이미 자동번

역과 같은 시스템을 실용화하며, 특히 연구가 더 진행되면 사람이 컴퓨터와 대화하며 정보를 교환할 수 있게 되므로 컴퓨터 사용에 혁신적인 변화가 오게 될 것이다.

② 전문가시스템(expert system) 분야에서는 컴퓨터가 현재 인간이 하고 있는 여러 가지 전문적인 작업들(의사의 진단, 광물의 매장량 평가, 화합물의 구조 추정, 손해 배상 보험료의 판정 등)을 대신할 수 있도록 하는 것이다. 여러 분야 가운데서도 가장 일찍 발전하였다.

③ 컴퓨터가 TV 카메라를 통해 잡은 영상을 분석하여 그것이 무엇인지를 알아내거나, 사람의 목소리를 듣고 그것을 문장으로 변환하는 것 등의 일은 매우 복잡하며, 인공지능적인 이론의 도입 없이는 불가능하다. 이러한 영상 및 음성 인식은 문자 인식, 로봇 공학 등에 핵심적인 기술이다.

④ 이론증명(theorem proving)은 수학적인 정리를 이미 알려진 사실로부터 논리적으로 추론하여 증명하는 과정으로서 인공지능의 여러 분야에서 사용되는 필수적인 기술이며, 그 자체로도 많은 가치를 지니고 있다.

⑤ 신경망(neural net)은 비교적 근래에 등장한 것으로서 수학적 논리학이 아닌, 인간의 두뇌를 모방하여 수많은 간단한 처리기들의 네트워크로 구성된 신경망 구조를 상정하는 것이다.

[배경지식 리서치 2] 인공지능에 의한 4차 산업시대는 어떤 시대인가?

인공지능에 의한 사물 인터넷(internet of things)을 통해 생산기기와 생산품 간 상호 소통 체계를 구축하고 전체 생산과정을 최적화로 구축하는 산업혁명을 4차 산업혁명이라 한다.

증기기관 발명으로 촉발된 1차 산업혁명, 대량 생산과 자동화가 이뤄진 2차 산업혁명, 컴퓨터와 통신에 의한 정보기술(IT) 산업의 3차 혁명에 이어 네 번째 산업혁명을 일으킬 것이라는 의미에서 붙어진 말이다.

이전까지의 공장자동화는 미리 입력된 프로그램에 따라 생산시설이 수동으로 움직이는 것을 의미했지만 4차 산업혁명에서 생산설비는 제품과 상황에 따라 능동으로 작업 방식을 이뤄지게 된다. 따라서 지금까지는 생산설비가 중앙집중화된 시스템 통제를 받았지만 4차 산업혁명에서는 각 기기가 개별 공정에 알맞은 것을 판단해 실행하게 된다.

스마트폰과 태블릿 PC를 이용한 기기 간 인공지능형 인터넷 발달과 개별 기기를 자율로 제어할 수 있는 사이버물리시스템(CPS) 도입으로 가능하다. 모든 산업설비가 각각의 인터넷주소(IP)를 갖고 무선인터넷을 통해 서로 대화하는 방식이다.

4차 산업혁명을 구현하기 위해서는 몇 가지 전제가 필요하다. 먼저 스마트센서에 의한 공장자동화와 로봇이 필요하다. 이보다 더 중요한 전제는 빅데이터 처리가 필요하다. 인공지능 로봇은 일단 빅데이터가 없이는 판단할 수 없다. 그런데 빅데이터에 의해서만 판단하는 인공지능은 약한 인공지능이다. 강한 인공지능은 빅데이터를 자율적으로 해석할 수 있는 능력까지 주어지게 된다. 셋째 스마트 물류 보안 등이 필요하다. 넷째는 4차 산업혁명의 효율적인 추진을 위해선 표준화가 이뤄져야 한다.

2. 산업혁명은 어떻게 진행되어 왔는가?

[문제의 전개 리서치 1] 산업혁명의 역사적 의의

　　인류 혁명은 제일 먼저 1만 년 전 농업혁명을 통해 인간과 가축의 노력이 맞물려 식량 생산이 나아지면서 도시화까지 이루어지는 발전을 이룩했다.

　　18세기 중반으로의 산업혁명은 인간의 노동력을 기계화로 바꿈으로써 인간의 생산성을 크게 늘리는 진화를 했다. 이러한 산업혁명은 다시 1, 2, 3차 산업혁명을 거쳐 4차 산업혁명으로 나아가고 있는 것이다.

　　1차는 1760-1840년대 철도 건설과 증기기관 발명으로 기계에 의한 생산을 이끌었다.

　　2차는 19세기 말 20세기 초까지 전기와 생산 조립 시스템 도입으로 대량 생산이 가능해졌다. 3차는 1960년대에 시작되어 반도체와 메인프레임 컴퓨팅으로 컴퓨터와 인터넷이 발달을 주도하는 컴퓨터 혁명 또는 디지털 혁명을 이룬 것을 말한다.

　　4차는 21세기 시작과 더불어 시작된 것으로 유비쿼터스 모바일 인터넷, 센서, 인공지능과 기계학습이 주요 특징이다. 이밖에도 유전자 염기서열분석에서 나노기술, 재생에너지, 퀀텀 컴퓨터까지 다양한 분야에서 동시 다발로 진행된다.

　　4차 산업혁명 또는 양면성이 존재한다. 긍정적 영향은 주로 소비자가 누리는 혜택으로 드러난다. 부정적 문제는 대부분 공급과 관련된 노동과 생산 부분에서 발생한다. 자본가와 노동자의 부의 격차는 더욱 커질 것이며 소수에게 혜택이 집중될 것이다.

[문제의 전개 리서치 2] 4차 산업혁명 시대의 주요 특징과 저술 목표

인공지능 시대는 반드시 온다. 카이스트대학교수인 김내식 뇌과학자는 향후 50년이면 그런 시대가 올 것으로 예측하고 있다. 그렇게 보는 근거를 세 가지 측면에서 판단하고 있다.

첫째는 속도다. 1-3차 혁명과 달리 4차 산업혁명은 매우 빠른 속도로 전개된다. 끊임없는 신기술 개발과 다면적인 세계 때문에 그렇다는 것이다.

둘째는 범위와 깊이다. 4차 산업혁명은 디지털 혁명을 기반으로 다양한 과학기술을 융합해 개인뿐만 아니라 경제, 기업, 사회, 국가 모든 패러다임을 확 바꾼다는 것이다. 어떤 주체가 어떤 변화를 일으키느냐가 중요하다.

셋째는 시스템 충격이다. 국가 간, 기업 간, 산업 간 사회 전체 시스템을 바꾼다.

따라서 중요한 것은 이러한 변화의 흐름을 정확히 인식하는 것이 중요하다고 보았디.

각 핵심 사안별로 긍정성과 부정성을 정확히 판단하고 대응책을 세

위아 한다는 것이다. 또한 주요 쟁점별로 어떻게 서로 협력해 나가야 할 것인가를 모색해야 함을 강조했다. 더욱 중요한 것은 과학기술과 인간 사회가 어떻게 상생해 나갈 것인가이다.

4차 산업혁명이 비인간화로 나가지 않기 위해서는 서로의 협력이 중요하다는 것이다.

3. 찬성과 반대의 입장의 쟁점과 그 이유들은?

첫째, 인공지능이 가져오는 4차 산업혁명이 다양한 일자리를 유지시켜줄 수 있는가?

둘째, 인공지능 시대가 정신적으로 행복을 가져올 수 있는가?

셋째, 다양한 계층의 사람들이 더불어 행복할 수 있는가?

여기서 얘기하는 '인공지능'은 자율 판단이 가능한 강한 인공지능을 의미한다. 4차 산업혁명 또한 이러한 인공 지능에 의한 것이므로 '인공지능 시대'라는 말과 '4차 산업혁명 시대'는 유의어로 본다.

그리고 여기서 얘기하는 '행복'이란 물질적 행복뿐 아니라 정신적 행복까지를 말한다.

❖ 인공지능이 가져다주는 혜택

인간의 행복을 위해 절대적으로 해결해야 할 조건

: 과학기술의 발달이 가져다 준 혜택

1. 빈곤퇴치 / 커다란 도움이 이루어졌다.

2. 질병퇴치 / 커다란 도움이 이루어졌다.

3. 인간의 존재가치 인식 / 인간의 존재가치를 유지하기 위한 보조수
   단 / 칸트의 인간행복조건 (일, 사랑, 희망)

❖ 과학 기술의 발달로 이루어진 유해 : 비인간화 현상

1. 빈부의 격차

2. 의료산업의 상업화

3. 상업주의에 예속되어 버린 인간 : 편리함의 추구가 상업적 목적이 됨.

중요한 것은 과학기술과 인간 사회가 어떻게 상생해 나갈 것인가이다.

4차 산업혁명의 유의점은 비인간화 로 나가지 않기 위한 노력이다.

비인간화 현상을 막을 수 있는가?

긍정적 영향 / 주로 소비자가 누리는 혜택

부정적 문제 / 대부분 공급과 관련된 노동과 생산 부분에서 발생

첫째, 인공지능이 가져오는 4차 산업혁명이 다양한 일자리를 유지시

켜줄 수 있는가?

둘째, 인공지능 시대가 정신적으로 행복을 가져올 수 있는가?
셋째, 다양한 계층의 사람들이 더불어 행복할 수 있는가?이다.

'인공지능'은 자율 판단이 가능한 강한 인공지능을 의미한다. 4차 산업혁명 또한 이러한 인공 지능에 의한 것이므로 '인공지능 시대'라는 말과 '4차 산업혁명 시대'는 유의어로 본다.

그리고 여기서 얘기하는 '행복'이란 물질적 행복뿐 아니라 정신적 행복까지를 말한다.

모바일 경제는 인류가 구축해온 실물경제의 틀을 잠식하면서 새로운 산업을 태동시키고 있다. 사물 속에 센서와 컴퓨터를 삽입하면 사물이 스스로 데이터를 축적하고 가공하여 전송하는 기능을 갖게 되었다.

사물뿐만이 아니다. 장소, 시설, 프로젝트도 마치 사람처럼 필요한 데이터를 모으고 분류하여 처리하는 지능을 품는 사물지능인터넷 세상으로 전환되어 가고 있다.

모든 데이터는 비즈니스의 원료가 되었고, 소프트웨어는 데이터를 가공하는 공장 역할을 하며, 소프트웨어가 처리해낸 정보나 지식은 비즈니스나 사람들에게 편리함을 제공하는 서비스가 되고 있다.

리서치를 통한 논점 찾기
- 쉽고, 간단하고, 이치에 맞게 요약하고 논점을 찾아라

토론에서는 상대방의 말을 잘 듣고 상대가 주장하고자 하는 이야기의 논점을 파악할 수 있어야 한다. 하지만 그보다 먼저 해야 하는 것은 내가 하고자 하는 이야기들을 머릿속에서 정리할 줄 알아야 하며 내 주장을 펼치기 위해서는 중요한 쟁점들을 골라내어 표현할 수 있어야 한다. 이러한 과정을 위해 필요한 것이 요약능력이며 요약을 통한 쟁점 찾기를 위해 다음 몇 가지의 방법을 제시하고자 한다.

1. 핵심내용을 찾아라

말과 글에서 중요한 것과 중요하지 않은 것을 구별할 줄 알아야 한다. 우리가 보고 듣는 말과 글에는 중요한 내용과 그렇지 못한 내용이 있다. 흔히 중심내용과 뒷받침 문장 이라는 것이다. 토론할 때에는 먼저 중심 내용을 찾아 상대가 무엇을 말하고자 하는지 파악해야 하고 자신 또한 머릿속에 가득한 내용들 가운데에 내가 꼭 해야 하는 중요한 발언의 내용을 골라낼 수 있어야 한다.

다음에 나오는 글을 보면 복잡하고 어려운 것 같은 내용이지만 실제로는 한 문장으로 중심내용이 담겨 있는 것을 알 수 있다. 아래의 글에서 핵심적인 내용은 "유학(儒學)에 있어서 학문의 궁극적인 목적은 성인(聖人)이 되는 데 있다고 해도 틀림없다."는 문장이다. 나머지 문장들은 핵심적인 내용을 뒷받침하기 위한 예시이거나 부연에 해당하는 것이다.

공사는 15세 때에 학문할 뜻을 세웠고, 그 후 계속적인 정진(精進)을 한 끝에 "하루 종일 식사도 하지 않고, 밤이 새도록 잠도 안자고 생각하여 보기도 하였으나, 무익한지라 배움만 같지 못하더라."라고 하였다. 그러나 그처럼 배워서 무엇을 하려고 한 것인가? 유교에서는 '수신제가(修身齊家) 치국평천하(治國平天下)'를 학문의 궁극적 목표로 삼는다지만, 공자 자신의 수양 과정을 보면 "50에 천명을 알고, 60에 귀가 순(順)하여지고, 70에 마음이 하고자 하는 대로 하여도 법도(法度)를 넘기지 않았다."고 하였다. 결국은 천리(天理) 그대로, 힘들이지 않고도 저절로 도리에 맞는 생활 태도에 이른 것이니, 천리와 인욕(人欲)이 혼융 일체(渾融一體)가 된 경지(境地)라고 하겠다. 이것은 다름 아닌 성인(聖人)의 경지에 이른 것으로, 유학(儒學)에 있어서 학문의 궁극적인 목적은 성인이 되는 데 있다고 해도 틀림없다. 청년 율곡(栗谷)도 그의 자경문(自警文) 첫째 조목에, "먼저 그 뜻을 크게 하여 성인으로서 모범을 삼되, 일호(一毫)라도 성인에 미치지 못한다면 나의 일은 끝마치지 못한 것이다."고 썼던 것이다. 동양의 학문이, 왕양명(王陽明)의 지행합일설(知行合 說) 같은 깃은 밀할 것도 없거니와, 아무리 이(理)다, 기(氣)다 까다로운 이치를 따지는 것같이 보이는 경우에도, 결국은 성인이 되어야 한다는 점에 있어서는 모두가 일치한다고 하겠다.

– 박종홍, 「학문의 목적」

이렇듯 글에서도 중요한 내용은 한 문장으로 요약하여 말할 수 있는데 이것을 토론에서는 논점, 또는 쟁점이라고도 한다.

2. 한마디로 말해서

"그래서 하고 싶은 말이 뭡니까?" 뭔가 불편하거나 불안한 마음을 가진 사람은 자신이 하고자 하는 말을 어떻게 표현할지 몰라 횡설수설할 경우가 있다. 이때에 말을 들어야 하는 상대가 던지는 한마디가 바로 하고 싶은 말이 무엇이냐는 것이다.

이는 "한마디로 말해주세요."라는 말이다.

추상적이고 관념적인 내용을 듣거나 설명할 때에 많은 사람들은 내용을 어려워하면서 이해하지 못할 때가 있다. 이때에는 구체적인 예(例)를 들거나 쉽게 바꾸어서 말하면 내용을 이해하는 데 도움이 된다. 그런데 이것 또한 이야기를 장황하게 풀어간다면 무엇을 말하는지 쉽게 알아들을 수가 없고 이해하기 어렵다. 이렇게 되면 듣는 사람은 "그런데 그게 한마디로 무슨 말이요?"라고 반문할 수가 있다. 바로 장황한 내용을 일반화시켜 한마디로 얘기해 달라는 것이다.

세계적으로 유명한 재벌회장과 사업가들도, 그 성공 비결(秘訣)의 중요한 일부분을 독서에 있다고 한다. 그들은 자기 공장에서 나오는 생산품을 어떻게 하면 사용하기에 가장 편리하고, 내구력(耐久力)이 있고, 또 가장 생산 원가(生産原價)를 적게 하여 제일 저렴(低廉)한 가격으로 공급하는 동시에 수요자(需要者)의 구미에 맞도록 고안할 수 있을까 하고 온갖 심혈을 경주(傾注)한다. 또 어떻게 하면 자기 상점에 고객을 많이 끌 수 있을까, 가장 견고(堅固)하고 좋은 상품을 선정하여 가장 보기 좋게 진열하고, 또한 최대한의 친절한 서비스 수단을 발휘하여 고객의 환심(歡心)을 살 수 있을까 등에 온갖 지혜를 짜내고 있는 것이다. 이러한 것은 직접 그 방면의 전문가(專門家) 의견도 들어 보겠지만, 그 주인이나 책임자 자신이 각각 그 방면의 서적을 물색하여, 탐독(耽讀)과 연구를 거듭한 끝에, 새로운 아이디어를 찾아내는 일이 많다는 것이다. 그런데 우리 실업계의 그 많은 사장님들이 수불석권(手不釋卷)한다는 말을 제대로 들어 보지 못한 것은 실로 유감스러운 일이다.

출처. 국어(상)1-(1) 독서와 인생

위의 글은 '세계적으로 유명한 재벌회장과 사업기'에 관한 이야기이다. 구체적으로는 그들의 성공 비결에 관한 것인데, 꽤 장황하게 서술되고 있다. 이 글의 내용은 한마디로 말하면, '독서의 필요성'이다. 즉 이 글은 독서의 필요성을 강조하기 위해 재벌회장과 사업가의 예를 논거로 들고 있을 뿐이다.

3. 쉬운 말로 표현하면

토론에서는 누구나 이해할 수 있는 쉬운 말로 의사를 표현해야 한다. 내용을 완전히 자기 것으로 소화해서 표현해야 전달이 명확해질 수 있기 때문이다. 예를 들어, '서양적', '편협한', '오인되기에' 등의 어려운 단어들이다. 이를 쉬운 말로 표현하며 '서구화된', '속 좁은', '잘못 생각되기에' 등의 생활 속에서 사용하는 쉬운 단어로 표현할 수 있어야 한다. 이렇게 자신의 언어로 재해석하고 요약하는 것은 발언 내용을 충분히 숙지하고 있다는 것을 보여주는 증거가 될 수 있다.

Chapter 3

질문하는 아이 만들기

선생님의 질문이 질문하는 아이를 만든다

미국에서는 "5살 아이는 하루에 65번의 질문하고 45세 어른은 하루에 5~6번의 질문을 한다."는 말이 있다. 학문적 근거는 없지만 대략 공감할 수 있는 말이다. 그런데 우리 사회는 45세가 되지 않아도 중학생만 되면 거의 질문이 없어진다. 필자는 서울 강서구에 있는 한 중학교에 토론교육 특강을 4시간씩 3년째 하고 있다.

학교에서 토론에 관심이 있는 아이들을 선발하여 프로그램을 구성하였기에 나름 생각하는 것에 익숙한 아이들이 모였다. 본격적인 토론특강을 시작하기 전 '오늘 눈뜨고 일어나서부터 지금까지 질문이란 것을 한 적이 있는 사람?' 하며 물어보았다. 25명의 아이들 가운데 두 명만이 손을 들었다. 또 다시 질문했다. '지난 일주일간 수업시간에 선생님께 교과내용을 가지고 질문했던 사람과 그 횟수'에 대한 것이었다. 수업이 끝나고 질문한 아이들은 몇 명 있었지만 수업 중간에 질문한 아이들은 한 명도 없었다. 이것이 질문 없는 우리 사회 교육현장의 모습 중에 하나이다.

중학교 아이들이 질문이 없는 이유는 크게 세 가지 정도로 정리할 수 있다.

첫째, 질문을 받아본 적이 별로 없기에 질문에 익숙하지가 않다는 것이다. 이 문제는 전적으로 부모와 교사에게 책임이 있다. 선생님은 수업의 시작을 질문으로 시작하고 수업을 마칠 때도 질문으로 마쳐야 한다. 참여형 수업의 시작이 질문이며 학습의욕을 길러주는 것이 질문이기 때문에 수업을 마치면서도 질문으로 마치는 것은 중요한 교수학습법이 될 수 있다. 둘째, 질문할 내용이 생각나지 않기 때문에 질문할 수가 없다. 질문의 시작은 모르기 때문이지만 모른다는 것은 무엇인가 알고자 하는 욕구가 있다는 것이며 알기 위한 노력을 해보았다는 것이다. 즉 질문은 학습욕구와 학습경험이 있는 사람만이 하게 되는 것이다. 찾아보았으나 찾지 못했고 이해하려 노력했으나 이해되지 않았을 때, 궁금해서 하는 것이 질문이기 때문이다. 결국 공부하지 않은 사람, 준비하지 않은 사람은 질문이 있을 수 없다. 셋째, 다른 사람과 생각을 공유하고 소통하는 것에 익숙하지 않아서 질문해야 할 이유가 없다. 질문은 다른 사람과 생각을 나누고자 할 때 이루어지는 것이다. 그래서 지식이나 정보, 가치관, 세계관 등을 공유하고 소통하고자 할 때 질문이 이루어진다. 이러한 질문을 통해 공유와 소통이 이루어지는 사회는 탁월한 지식과 지성의 발전이 있는 사회다.

수업의 시작은 질문으로

처음 만난 아이들과 함께 하는 특강 형태의 수업을 하다보면 당혹스러운 순간들이 있다. 특히 주의를 집중시키는 것과 가르쳐야 할 교육내용에 대해 관심을 갖게 하는 것이 매우 어렵고 힘들다. 이런 문제는 공교육 교사의 교실수업이나 사교육현장에서도 모두가 갖고 있는 과제일 것이다. 이러한 과제를 풀어낼 수 있는 방법으로 가장 효율적인 것은 교사의 질문이다. 위에 언급했던 중학교의 특강에서도 질문도입을 활용하여 수업을 시작했다.

첫날은 2개 그룹 50명의 아이들을 모아 놓고 전체강의로 시작했다. 강의를 시작하면서 아이들에게 첫 번째로 했던 질문은 '생각하는 사람과 생각하지 않는 사람의 차이점을 말해보자'는 것이었다. 질문에는 개방형 질문과 폐쇄형 질문이 있다. 대부분의 사람들에게 개방형 질문을 하게 되면 대답을 어려워한다. 특히 처음 만난 아이들에게 개방형 질문을 던지고 대답을 얻는다는 것은 어려운 일이다. 왜냐하면 아이들의 사고능력이 어느 정도인지 모르기에 질문의 수준이 적절한지 가늠되지 않기 때문이다. 아이들 입장에서는 선생님의 개방형 질문에 대하여 의도파악을 해야 하는데 그것이 어렵기 때문에 대답 또한 쉽지가 않다. 이와 같은 상황에서는 질문을 쉽게 만들어 주어야 한다. 그래서 질문을 바꾸었다. 마침 몇몇 아이들이 서로 친한 친구들과 옆에 앉아 특강 강사가 앞에 서 있어도 계속 떠들며 장난하고 있었다. 이런 모습을 옆에 서서 보고 계시던 특강담당 선생님은 조용히 하라는 표시로 손가락을 입에 가져다 대며 계속해서 사인을 보내고 계셨다. 그러한 선생님의 행동을 보고 아이들에게 물었다. "왜 선생님은 조용히 하라는 사인을 보내셨을까?" 아이들은 당연히 쉽게 대답했다. 또 다시 질문했다. "혹시, 생각 좀 해라, 생각 좀 해." 이런 말을 어른들로부터 들어본 적이 있느냐는 것이었다. 대부분이 있다고 대답했다. 다시 질문했다. "지금 선생님이 사인을 보내고 있는데도 떠드는 친구들이 있다면 그들은 생각을 해보고 떠드는 것일까?"라는 질문이었다. 마지막으로 "생각하는 사람과 생각하지 않는 사람의 행동이나 결과는 어떤 차이가 있을까?"라고 질문을 던졌다. 아이들의 답변은 그야말로 천차만별이었다. 그러나 주입된 답을 말하고 있는 것이었지 스스로 생각해서 깨달은 답을 말한 것은 아니었다. 이날 필자가 가르치려 한 주제가 '생각하는 힘과 표현능력의 중요성'이었다. 때문에 강의주제와 연결시켜 생각하는 사람에 대한 도입질문으로 특강을 시작한 것이었다. 질문으로 시작한 특강의 결과는 수업의 집중과 참여도로 이어졌고 수업에 대한 만족도 설문조사에서 만족도가 매우 좋아 내년에도 또 부탁드린다는 담당교사의 말을 듣게 되었다. 질문으로 시작한 수업이 수업의 집중도와 참여도를 만족시킬 수 있다는 하나의 좋은 본보기이다.

선생님이 해야 하는 질문의 유형들(초등학교 고학년 이상)

선생님이 하는 질문의 목적은 수업내용에 대해 아이들의 메타인지 효과를 얻기 위한 것이다. 그 유형들을 하나씩 살펴보도록 하자.

1. **개념을 묻는 질문** : 공부는 몰랐던 내용을 새롭게 알아가는 것과 이해되지 않았던 것들을 깨닫는 시간이다. 따라서 아이들이 용어의 뜻이나 학습주제에 담겨 있는 내용에 대하여 그 개념을 이해하도록 꼬리에 꼬리를 무는 질문을 하는 것이다.

예) 오늘 우리는 빅데이터에 대하여 배웠습니다. 그러면 빅데이터를 어떻게 설명할 수 있는지 친구 중에 누가 발표해주겠습니까?

예) 아하~! 커다란 데이터리 재치 있는 대답이네요. 그러면 좀 더 쉽게 이해하기 위해서 바꿔서 질문할게요. 이것을 어디에 사용할 수 있다는 것일까요?

2. **반론하는 질문** : 선생님은 항상 반론자의 입장에 서서 질문형태로 반론을 해야 한다. 그래야 아이들은 자신이 말한 내용에 논리의 오류가 있는지, 객관성의 결여가 있는지, 근거에 문제가 있는지 등을 점검받을 수 있기 때문이다.

예) 빅데이터가 개인정보를 맘대로 사용하는 위험성이 있다고 했는데요.

예) 그렇다면 개인정보를 관리하는 법적인 제도나 방법이 없다는 것인가요?

3. **다른 관점으로 보는 질문** : 아이들이 갖게 되는 관점의 다양성 역시 선생님이 바라보는 다양한 시선을 통해 훈련된다. 따라서 아이들이 발언한 내용에 대하여 '또 다른 관점이 있을 수 있지 않은가?'라는 질문을 해야 한다.

예) 인공지능 기술이 발달하면 사람들이 할 수 있는 직업이 많이 사라져서 심각한 어려움이 닥칠 것이라고 생각하는 사람들이 많지요. 그렇다면 사람의 노동력을 주로 사용하다가 기계문명이 발달해서 많은 사람이 직업을 잃어버린 2차와 3차 산업혁명 때는 사람들이 어떻게 대처했을까요?

4. **'만약에'라는 가정으로 질문하는 것** : 창의력은 '만약에'라는 가정에서 시작
   된다. 학습내용에 대한 보다 심도 있고 다양한 답을 유추해 내게 하려면
   '만약에'라는 질문이 뒤따라야 한다. 따라서 교사는 학습내용을 정리하면
   서 '만약에'라는 여지를 가지고 질문해주는 것이 필요하다.

   예) 인공지능시대에 할아버지 할머니들은 기계사용을 매우 힘들어합니
   　　다. 만약에 여러분들이 할머니 한아버지들도 편하게 인공지능기술
   　　을 활용할 수 있도록 하려면 어떤 부분을 주로 연구해야 할까요?

5. **유추해보는 질문** : 수업을 마치면서 다음 치시에 해야 할 수업내용에 대한
   질문을 말한다. 다음 시간에 이러이러한 내용으로 수업을 하게 될 텐데
   우리가 찾아보아야 할 분야와 주제들은 무엇이 있을까? 그러한 내용에
   대한 지식과 응용능력이 있으면 우리는 어떻게 활용할 수 있을까?라는
   질문이다.

   예) 다음시간에는 로봇과 친구가 될 수 있는지에 대하여 토론을 해보고
   　　자 합니다. 왜 이런 주제를 이야기하게 되었을까요?, 그리고 인공지
   　　능 로봇이 사람처럼 생각하고 행동하는 날이 올 수 있을까요? 각자
   　　한 가지 이상의 생각을 준비해서 오면 이것을 가지고 발표하고 토론
   　　하는 시간을 갖겠습니다.

아이들에게 하는 연령별 질문역량훈련 방법

1. 3살에서 7살 : 생각을 발전시키는 질문

세 살에서 일곱 살 아이들에게는 부모님과 어린이집, 또는 유치원교사와 나누는 대화 그 자체가 질문역량의 훈련이다. 그러려면 부모나 선생님의 대화방식이 질문형 대화가 되어야 하는 것이다. 질문형 대화란 계속해서 아이의 생각을 묻는 대화이다. 예를 들어, 유치원에 다녀온 아이에게 엄마가 대화를 시작한다고 가정하자. 엄마가 가장 궁금한 것은 유치원에서 재미있게 잘 지냈는지이다. 만약 "오늘 유치원에서 재미있었어?"라고 질문하면 대화는 "응"이란 대답과 함께 끝나게 된다. 물론 의지가 있는 엄마는 "그래서 무엇이 제일 재미있었는데?"라고 재차 묻게 되고 그 다음부터는 엄마는 많은 상상력을 동원해서 질문거리를 찾아야 한다.

필자는 이런 유형의 질문보다는 다른 유형을 권유하고자 한다. 아이들이 스스로 이야깃거리를 찾아내어 엄마에게 말하도록 하는 질문이다. 예를 들어, "오늘 유치원 다녀와서 엄마에게 해주고 싶은 이야기 없을까?, 엄마는 무척 기다렸는데…" 또는 "오늘 선생님이 우리 ×××에게 무엇을 말해주셨을까?", "우리 ×××는 오늘 유치원에서 가장 많이 생각한 것들이 무엇에 대한 것일까?" 등이다

질문식 대화의 목표는 첫째, 아이가 생각을 하게 하기 위한 것이다. 둘째, 생각을 정리하는 훈련이다. 셋째, 자기의 생각을 만들게 하는 것이다. 그런데 앞에서 언급했던 대화의 형태라면 그것은 부모가 아이에게 궁금해하는 정보를 캐내는 수준으로 그치기 때문에 아이의 사고력 향상에 별 도움이 되지 않는다.

2. 초등저학년 : 질문의 마법을 알게 하라

초등학교 저학년은 발달 단계로 보았을 때 아직 논리적 사고가 생성되기 전이다. 따라서 논리적 질문보다는 생각을 확장시키는 놀이로 만들어 사고력 훈련에 도움이 되는 질문훈련이 바람직하다. 예를 들어 '질문의 마법 상자' 만들기 같은 것이다. 우선 아이에게 '질문은 마법을 부린다.'고 가르친다. 아이들에게 마법이란 없던 것도 있게 만들고 불가능한 것을 가능하게 만드는 것으로 인식되어 있다. 질문은 문제를 해결하는 마법의 열쇠 같은 것이라고 해도 틀리지 않다.

다음은 질문이 마법의 열쇠가 되는 놀이를 소개한 것이다.

1. 조그만 종이 박스를 준비한다. 겉모양은 아이들에게 그림이나 색종이를 찢어 붙여서 자기들이 원하는 대로 '질문의 마법 상자'를 만들도록 한다.

2. 질문의 마법 상자 안에 궁금한 것 적어 넣기를 한다. 궁금한 것은 분야를 정해주어야 한다.

- 사람과의 관계에서 궁금한 것 : 엄마 아빠에게 궁금한 것, 친구에게 궁금한 것 선생님에게 궁금한 것 등
- 자연에서 궁금한 것 : 새, 나무, 물고기… 등등
- 동화책에서 궁금한 것 :
- 음식에서 궁금한 것 등 질문놀이 할 때마다 한 가지 영역에 대하여 한 가지 질문 만들기 마법의 상자놀이를 한다.

마법의 상자 안의 질문은 제비뽑기식으로 한 가지씩 뽑아서 뽑은 사람이 질문에 대답해 주기로 하는 놀이이다.

3. 초등 고학년 : 질문의 기본기 완성하기

모든 역량훈련은 초등학교 고학년부터 본격적인 훈련이 가능하다. 지적능력과 신체적 발달이 가장 왕성한 시기이기 때문이다. 이때의 질문훈련은 6하 원칙 질문, 창조의 4가지 질문(What, How, Why, If) 만들기 훈련, 짝 토론의 5가지 질문들을 훈련시키는 것이 필요하다.

4. '6하 원칙' 질문연습 : 언제, 어디서, 누가, 무엇을, 어떻게, 왜?

'6하 원칙' 질문은 언론사에서 기사작성에 활용해왔던 질문이다. 이러한 여섯 가지 질문을 가지고 신문기사, 또는 문학작품 안에 있는 사건들을 가지고 질문하고 답하는 연습을 하는 방법이다. 이 훈련은 비판적 사고역량의 기초가 되는 사실여부 확인과 의도파악 그리고 문제의 본질을 찾아내는 훈련이다.

5. 4가지 질문 연습 : What, How, Why, If ?

이 연습은 토론할 수 있는 주제를 선정하여 네 가지 질문에 따라 답을 작성해보는 훈련이다. 이 연습이 많아지고 질문과 대답이 자유로워지면 탐구능력이 탁월해지고 학습능력도 발전하게 된다. 이 4가지 질문은 문제분석의 틀이 면서 문제의 해답을 찾아가는 질문이기도 하다.

6. 짝 토론의 5가지 질문 연습

- 그럼 네 생각은 어때?

- 그렇게 생각한 이유가 뭐니?

- 그 생각에는 ×××한 문제가 있다고 생각하는데 그렇지 않니?

- 그것에 대한 또 다른 방법은 없을까?

- 그렇게 하면 어떤 결과가 나타날까?

7. 중고등학교 : 소크라테스를 만들어라

중고등학교는 사고하는 능력이 절정에 달하도록 훈련해야 한다. 이를 위해 매우 효율적인 교육방법이 '소크라테스의 질문식 토론'이다. 이 질문은 기본적으로 교사가 학생에게 하는 질문이다. 그러나 이러한 질문으로 잘 훈련된 아이들은 자신도 모르게 또 한 명의 소크라테스가 되어 있을 것이다.

 소크라테스식 질문

교사 : 지구환경에 무슨 일이 벌어지고 있지?

철수 : 기상이변이 일어나고 있어요. 그 이유는 지구가 점점 더워지기 때문이래요.

교사 : 점점 더워지고 있다는 걸 어떻게 알지? 어떤 근거가 그 답을 뒷받침해줄 수 있을까?

철수 : 항상 뉴스에서 나오는 얘기예요. 뉴스에서는 항상 옛날만큼 춥지 않다고 말해요. 예년보다 기온이 높은 날이 많아요. 방송에서

는 지구온난화라고 그러던데.

교사 : 방송을 보고 지구 온난화에 대해 알았다고? 그럼, 지구 온난화가 지금 벌어지고 있다는 사실을 신문이 어떻게 알고 보도했을까?

은희 : 방송국 기자가 그 문제를 연구하는 과학자를 만나서 확인했어요. 저도 그 방송을 보았어요. 북극에 있는 만년설이 녹고 있고 북극 동물들도 살 곳을 잃고 있다고요.

교사 : 만약 과학자가 그렇게 말했다면, 과학자는 어떤 방법으로 알게 되어 자신 있게 말할 수 있었을까?

혜숙 : 그들은 기후를 관측하는 도구가 있어요. 그리고 여러 해 동안 관측해왔대요. 과학자들은 지구 온도를 측정하는 연구를 하고 있으니까요.

 소크라테스의 문답

소크라테스가 말했습니다. "민중이란 누구인가?"

청년이 대답합니다. "가난한 사람들을 말합니다."

그러면 다시 소크라테스가 묻습니다.

"가난한 사람이란 어떤 이들이지?"

청년은 "항상 돈에 쪼들리는 사람들을 말합니다." 라고 합니다.

소크라테스 曰

"부자들도 대개 돈이 부족하다고 늘 아우성이다.

그러면 부자도 가난한 사람 아닐까?"
청년은 슬슬 당황하기 시작합니다.

"…그렇게 볼 수 있겠지요."
소크라테스는 이제 본론으로 돌아옵니다.
"그러면 '민중이 주체가 된다' 하는 민주주의는
가난한 사람들의 정체(政體)인가, 부자들의 정체인가?"
소크라테스는 상대방으로 하여금 당연하다고 믿고 여겼던 자신의 논
리가 따라가면 따라갈수록 모순에 부딪힌다는 사실을 깨닫게 해준다.

소크라테스의 질문식 토론을 위해서는 초등 고학년부터 시작하는 4가지 질문의 활용을 잘 훈련해야 가능하다. 소크라테스식 질문은 질문에 질문의 꼬리를 물면서 문제의 본질을 찾아가거나 상대의 논리를 무너뜨리는 방식의 질문이다.

이 과정에서 유의해야 할 몇 가지 기준은 다음과 같다.

1. 상대가 깨닫기 원하는 목표를 가지고 질문을 한다.

2. 논리의 오류를 지적하되 다른 예를 들어 깨닫게 한다.

3. 스스로 발견하게 하는 것에 목적이 있다.

이는 하브루타에서 하는 질문과 차이가 있다. 하브루타에서 하는 질문은

토론자가 함께 탐구해 나가는 것이 주목적이다. 따라서 토론의 입장과 방향은 얼마든지 열려 있다. 그러나 소크라테스의 질문은 어떠한 주제에 대하여 본질을 알게 하는 것이 주된 목적이다. 하브루타는 동등한 입장에서 토론한다면 소크라테스의 문답은 스승과 제자 사이에서 하는 토론이다. 다만 질문을 통해 논쟁해 나가는 과정에서 상대의 오류를 분명히 짚어준다는 것은 동일하다. 중고등학교에서 소크라테스식 질문 훈련이 필요한 이유는 토론하는 입장에서 주제나 내용에 대한 충분한 메타인지의 필요성을 깨닫게 하는 것에 있다. 따라서 자기 스스로 어떠한 공부를 해 나가야 할지 자기 주도적 학습동기가 길러질 수 있는 질문역량훈련이다.

가장 좋은 질문역량훈련은 어려서부터 부모와 교사의 질문을 듣고 자라는 것이다. 질문이 있는 환경에서 자란 아이들은 자신도 모르게 질문 역량이 차곡차곡 쌓이게 되기 때문이다. 이러한 환경에서 교사의 구체적인 질문훈련이 덧입혀진다면 보다 훌륭한 삶의 지혜와 문제해결 능력을 얻게 될 것이다.

Chapter 4

논리성, 비판적 사고, 창조적 질문

　토론의 구조 안에는 크게 네 가지의 기능이 담겨 있다. 첫째, 자신의 의견을 나타내는 주장이다. 둘째, 상대방의 의견에 문제점을 지적하거나 나와 생각의 차이를 말하는 반론이 있다. 세 번째로 토론은 질문하는 사고가 바탕이 되어 있어야 한다. 그 이유는 논제 자체가 사회적 문제에 대하여 해결책을 묻는 질문이며 문제를 풀어나가는 과정에서 끊임없이 질문을 던져야 해답에 접근할 수 있기 때문이다. 또한 토론과정에서는 상대방의 의사를 정확히 확인하기 위한 질문과 상대논리의 오류를 지적한 질문기법 등이 활용되기에 토론에서 질문의 기능은 매우 중요한 중심기능이다. 마지막으로 토론의 목적인 내 의견을 상대가 수용하게 만들기 위한 설득의 기능이다. 토론은 결과를 위한 행동이다. 물론 과정을 통해 상호간에 소통과 이해를 도모할 수 있다고 말하겠지만

이 또한 토론을 시작하면서 그 정도의 결과를 염두에 둘 수 있다.

 생활 속에 필요한 토론의 기본 구조

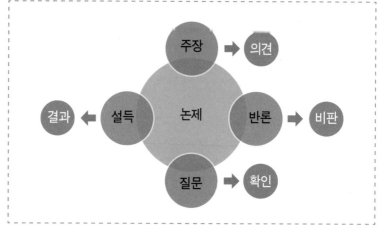

    토론은 생활 속에서 모든 문제 가운데 필요한 것이며, 생활하면서 항상 이루어지는 것이다. 토론의 기능을 효과적으로 활용할 경우 이해와 소통, 갈등의 요소들이 해결되는 유익한 기능이 될 수 있다. 따라서 토론의 기능을 잘 활용하기 위해서 필요한 역량을 훈련할 필요가 있다. 토론역량을 완전히 체득하려면 토론하기 위해 훈련하는 방법들을 생활습관으로 만드는 것이 가장 중요하다. 이에 필요한 역량훈련 방법을 토론의 구성요소를 근거로 하여 세 가지를 제시하고자 한다.

의견(주장)을 말할 때는 이유와 근거로 나누어 말한다.

첫째, 자신의 의견을 말할 때는 항상 이유와 근거를 들어 말한다. 자신의 의견 말하기를 토론에서는 '주장'이라고 한다. 생활에서 대화를 할 때나 공식적인 자리에서 토론을 할 때나 자신의 의견을 피력할 때에는 반드시 지켜야 할 원칙이 이유와 근거를 들어 말하는 것이다. 그래야만 듣는 입장에서 이해가 되기 때문이다. 이러한 표현방식을 '논리적 말하기'라고 한다.

논리성 훈련 : 의견 - 이유 - 근거로 말하기

무엇인가 다른 사람에게 설명할 때에 가장 쉽게 이해시키는 방법은 '왜냐하면'이라는 이유를 먼저 명확하게 말하고 '예들 들어'라는 남들도 인정할 수 있는 사례를 들어주는 것이다.

논리적 말하기

1	의견	그는 물건을 훔친 사람이 아니다.
	이유	그는 남의 것을 탐내는 그런 사람이 아니기 때문이야.

2	의견	그 친구는 틀림없이 이번 시험에서 좋은 성적을 받을 거야.
	이유	그는 머리가 좋은 사람이기 때문이야

3	의견	그는 나를 좋아하는 것이 틀림없다.
	이유	왜냐하면 나에게 장미꽃을 주었기 때문이다.

4	의견	그는 나를 좋아하는 것이 틀림없다.
	이유	(왜냐하면) 나에게 장미꽃을 주었기 때문이다.
	근거	(예를 들어) 그가 준 꽃다발에 "당신이 보고 싶을 때 저는 장미를 봅니다."라는 메모지가 있었어.

위에 있는 이야기 중에 ①번에서 ③번까지는 자신의 의견과 이유만 말하였는데 그 이유만 가지고는 의견을 인정하기가 어렵다. 이유는 개인의 의견일 뿐이거나 구체적이지 않아서 객관적인 증명이 이루어지지 않았기 때문이다. 이유는 의견을 뒷받침하는 중요한 설명이다. 하지만 그 이유에 합당한 근거가 필요하기에 ④번과 같이 실제적이거나 구체적인 근거를 들어 자신의 의견을 완성시켜야 한다. 이러한 훈련은 특별히 자녀들의 대화습관에 녹아들도록 지도할 필요가 있으며 어른들도 누군가의 대화 속에서 반드시 이유와 근거가 빠지지 않도록 스스로 훈련할 필요가 있다.

반론을 위해서는 비판적 사고가 반드시 필요하다.

생활 속에서도 반론은 반드시 있어야 한다. 그래야 시행착오를 줄일 수 있고 발전적인 방향을 찾을 수 있으며 보다 나은 결과를 얻어 낼 수 있다. 이러한 반론에 반드시 필요한 역량이 비판적 사고이다. 비판적 사고란 비난하고는 다르다. 분명히 밝혀 진위 여부를 가리는 것이 비판적 사고다. 사람들이 보이스피싱에 속는 경우가 많다. 너무나 교묘한 속임수에 어이없이 속는 경우도 있지만 전화한 사람에 대하여 '그들이 말하는 신분이 진짜일까?'라는 생각을 가지고 신분 확인 과정만 거친다면 피해를 막을 수 있는 경우도 많을 것이라 생각된다. 최근에는 다단계 금융사기가 기승을 펼친다. 그들이 말하는 돈 버는 방법에 대해 들어보면 많은 수익금이나 이자를 배당한다는 것이 보편적인 유혹의 수단이다. 이때 한번 생각해봐야 할 것이 있다. '왜 이들은 이렇게 정상적이지 않은 이익배당, 이자를 준다는 것일까? 그 의도가 무엇일까?'라는 질문이 필요하다. 또 다른 사례를 보면 물건을 구입할 때 많은 판매자들이 '우리가 가장 좋은 가격이다.'라고 말하거나 '이번에 사지 못하면 기회가 없다.'라는 말을 한다. '정말 그럴까? 더 좋은 가격, 더 좋은 물건, 또 다른 기회는 없을까?' 이런 질문을 하게 되면 섣부른 결정으로 후회를 하는 일을 줄일 수 있다. 이런 생각과 질문들이 바로 비판적사고의 기본적인 방법이다.

비판적 사고

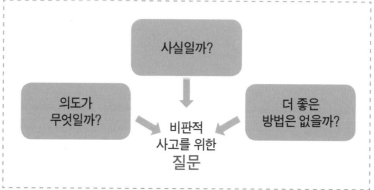

생활 속의 4가지 질문 (무엇을, 어떻게, 왜, 만약에)

토론의 역량은 끊임없는 질문을 통해 발전한다. 좀 무거운 주제인 예멘사람들의 제주 난민신청 사례를 예로 들어보자. 중동의 아라비아 반도 남서부에 자리 잡고 있는 예멘이란 나라에서 수백 명이 내전과 경제적 빈곤을 피해 제주도에 무비자로 입국해 한꺼번에 난민신청을 해서 발생한 문제이다. 많은 학생들이 이 내용을 가지고 '난민 신청을 허용해야하는가?'에 대한 토론을 해왔다. 토론이 시작되면서 먼저 던져야 할 질문이 있다. 첫째, '무엇(What)'이라는 질문이다. 무엇에 관한 토론인가? 난민제도와 현실적 문제에 대한 토론이다. 둘째, '어떻게(How)'라는 질문이다. 그들은 어떻게 난민신청을 하게 되었고, 우리나라는 난민신청에 대하여 어떤 대책을 가지고 있는가? 셋째, '왜?'라는 질문이다. 난민 허용에 찬성한다면 나는 왜, 무슨 이유로 허용할 것이며 반대한다면 무슨 이유로 반대할 것인가? 넷째, '만약에(If)'라는 질문이다. 만약에 난민신청을 허용한다면 나타날 부작용은 무엇인가?, 아니면 허용해서 얻게 되는 긍정적인 면은 어떠한 것들인가?라는 질문들이다.

이러한 질문은 생활 속의 모든 문제에서도 끊임없이 가져야 한다. 그 결과 얻게 되는 생각하는 힘과 문제해결능력은 창조적인 결과를 가져올 수 있는 탁월한 역량훈련이 된다.

 창조적 질문

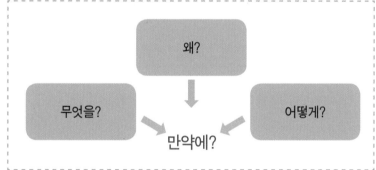

Chapter 5

생각나무로 훈련하는
Debate Thinking

Debate Thinking 생각나무

토론교육에서 가장 필요한 부분은 논리성 훈련이다. 그러나 '논리'라는 단어가 들어가면 어른이나 아이들이나 무조건 어려운 것이라는 선입견을 갖고 있다. 여기서 제시하는 "Debate Thinking 생각나무"는 이러한 논리성 훈련을 시각적으로 쉽게 이해하도록 하면서 토론에 필요한 기초적인 논리성을 익히도록 고안해 낸 교육방법이다.

'D.T 생각나무'는 나무의 구조를 응용해 토론의 기능들을 설명해 놓은 것이다. 그 구소는 그게 세 가시도 나누있나. 첫째, 생각의 뿌리 둘째, 논리의 가지 셋째, 문제해결의 열매이다.

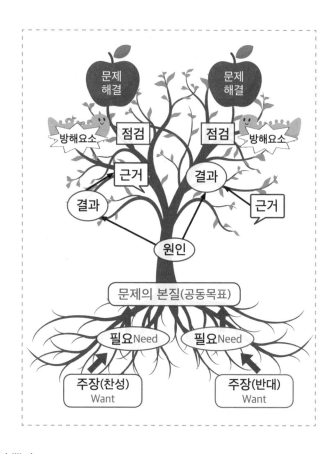

1. 생각의 뿌리

　토론은 항상 논제를 통해 갈등, 즉 생각이 충돌하는 문제를 제시하고 이에
대한 해법을 찾도록 하는 것이다. 이때 논제는 토론자를 향하여 "문제를 해소
할 수 있는 방법과 그 이유가 무엇인가?"라는 질문을 담고 있다. 여기서 갈등
의 문제를 좀 더 깊이 들여다보면 갈등의 당사자들이 근본적으로 추구하려는
목표는 결국 동일하다는 것을 발견할 수 있다. 한번은 '엄마의 잔소리는 필요

하다.'는 논제로 초등학생들에게 토론을 시켜보았다. 그리고 아이들에게 "왜 엄마는 잔소리를 하시는 걸까."라는 질문을 하였다. 아이들이 한목소리로 답하는 잔소리의 목적은 '자녀가 잘 되기 위한 것'으로 찾아내는 것이었다. "그렇다면 왜 잔소리가 필요하지 않다는 것일까?"라는 질문을 또 하였다. 대답은 여러 가지로 나왔지만 결론은 "잔소리가 없어도 우리는 잘할 수 있어요."였다. 또 다시 질문하였다. "무엇을 잘할 수 있다는 것인데. 그리고 왜 잘해야 하는데?" 결국은 "우리가 앞으로 잘되기 위해서요."라는 답으로 돌아왔다.

이렇듯 논제 안에 담긴 찬반 양측의 궁극적인 목표를 찾아내는 훈련은 토론교육에서 가장 중요한 기본이며 이것이 논제분석의 출발인 것이다. 여기에서 찬반 양측이 추구하는 공동목표를 D.T 생각나무에서는 '생각의 기둥'이라 하고 나무기둥에 그 위치를 두고 있다.

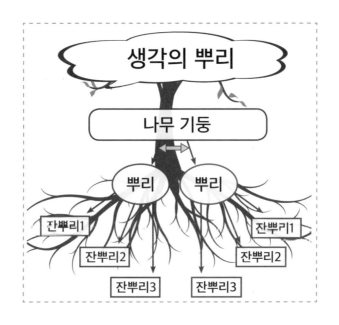

나무가 자라는 모습을 보면 먼저 뿌리가 자라면서 줄기가 올라오고 가지를 치고 꽃을 피며 열매를 맺는다. 마찬가지로 생각이 자랄 때에도 먼저 생각의 뿌리가 자란다. 뿌리는 여러 갈래의 잔뿌리를 가지고 있으며 각각의 뿌리에서 물과 양분을 흡수하고 줄기 즉 나무의 기둥을 만들어 낸다. 생각의 뿌리도 마찬가지다. 환경이라는 땅으로부터 생각의 자양분을 빨아들이며, 그것이 생각의 줄기 즉 생각의 기둥을 만든다. 그리고는 생각의 가지를 치고 생각의 꽃과 열매를 맺는 것이다. 이러한 자연현상을 비유해서 'D.T 생각나무'의 구조를 이해하면 쉽게 논리적 사고를 훈련할 수 있다.

아래의 그림을 보면 공동목표는 생각의 기둥이다. 우선 토양으로부터 양분을 빨아들이는 잔뿌리는 '의견'으로 묘사했다. 즉 다양한 입장의 생각을 환경이라는 것으로부터 빨아들인다는 의미이다. 이러한 '의견의 잔뿌리'가 모아져 만나면 공동목표를 이루기 위해 필요한 것이 무엇인지 한마디, 또는 한 단어로 나타낼 수 있게 된다. 이것이 양측의 제시하는 커다란 쟁점이다. 이것을 도표로 표현하면 아래와 같다.

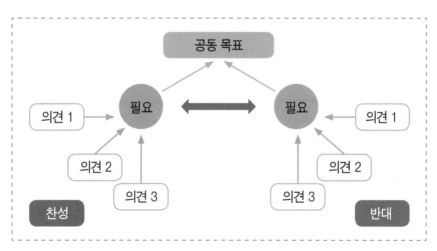

구체적으로 '개미와 베짱이'로 만든 논제를 통해 생각의 뿌리에 대하여 살펴보자.

논제는 "현대사회에서는 베짱이의 삶이 더 바람직하다."였다. 논제에서 알 수 있듯이 '누가 더 바람직하게 사는가?'라는 질문이 논제가 토론자들에게 하는 질문이다. 이에 대해 토론자들은 개미와 베짱이를 비교해 가며 '바람직한 삶'에 대한 해답을 찾아가는 것이 토론의 방향인 것이다. 결국 개미와 베짱이 양측 모두 추구하는 공동목표는 '바람직한 삶을 사는 것'이다. 이러한 공동목표 아래 개미와 베짱이가 바람직하게 살아간다고 생각하는 의견들 그림에 나와 있는 잔뿌리의 의견 1, 2, 3이다. 여기서 논제는 '베짱이의 삶이 더 바람직하다.'이기에 베짱이의 입장을 찬성 측으로, 개미의 입장은 반대 측으로 설정하였다. 그리고 각각의 입장에서 바람직하게 살아가는 모습의 의견을 모아보니 베짱이는 욜로(YOLO)족으로 살아가는 것으로 함축되었고 개미는 공동체 중심의 삶을 살아가는 것으로 요약되었다. 즉 여기에서 양측의 커다란 쟁점은 욜로족으로 살 것인가 공동체 중심적으로 살 것인가로 좁혀진 것이다. 물론 커다란 쟁점은 논제를 분석하는 사람에 따라, 잔뿌리의 의견을 어떤 것들로 채우느냐에 따라 각자마다 다를 수 있다. 즉 정답은 없는 것이고 다만 논제를 분석하고 의견을 찾는 과정에서 사고력을 증진시키는 교육이 토론교육의 핵심이다.

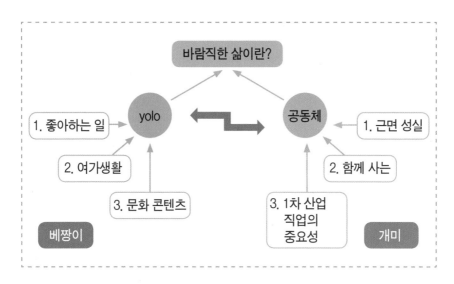

이러한 구조를 찬성, 반대의 '입장'과 각각 입장에서 요구하는 '필요'라는 구조로 간단하게 아래의 그림과 같이 만들어 볼 수도 있다.

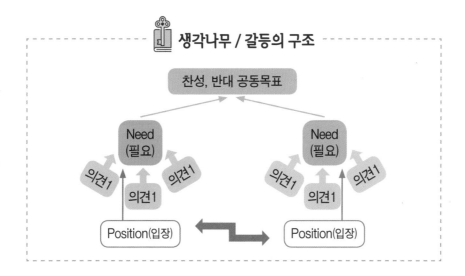

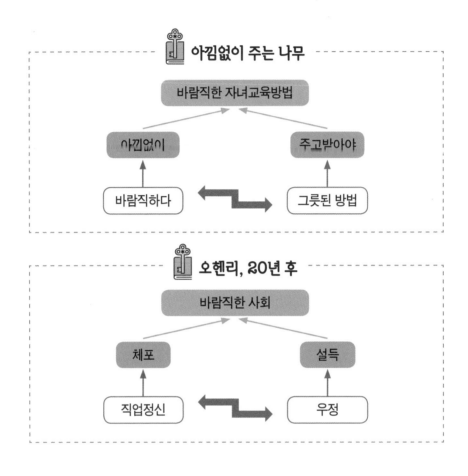

2. 논리의 가지

　생각의 뿌리를 가지고 논제분석과 의견의 뿌리를 찾아냈다면 논리의 가지
는 찾아낸 의견을 논리적으로 완성시키는 훈련의 과정이다. 여기에서의 논리
란 찬성과 반대의 입장에서 찾아낸 각각의 의견에 이유와 근거를 만드는 훈련
이며 그 방법들은 앞에서 제시하였던 개미와 베짱이의 논제를 가지고 아래의

그림을 통해 쉽게 설명하고자 하였다. 이때 가장 중요한 교육의 핵심은 의견-이유-근거라는 연결고리를 완성시키는 것이다. 여기에서 의견은 '논점' 이유와 근거는 '논거'라고 표현하기도 한다.

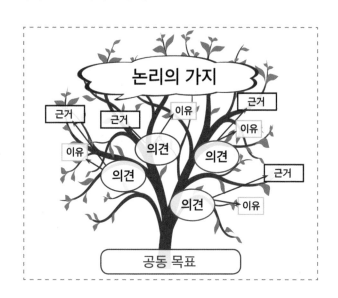

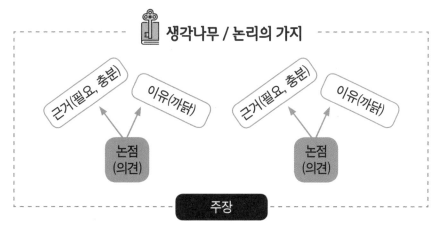

3. 문제해결의 열매

　토론의 궁극적인 목적은 문제의 해결을 위해 가장 적합한 판단을 내리기 위한 것이다. 이것을 'D.T 생각나무'에서는 '문제해결의 열매'로 표현하고자 한다. 생각나무가 뿌리를 통해 목표의 기둥을 세우고 논리의 가지를 뻗어나가다 보면 가지의 끝에는 열매가 열리듯 마지막으로는 '적합한 판단'이라는 생각의 열매를 얻어야 한다.

이때 필요한 것이 비판적 사고를 통한 반론과 재반론이다. 다시 한번 토론의 구조를 살펴보면 토론에서는 주장이 있으면 반드시 반론이 있다. 그리고 재반론을 통해 논리의 정당성을 마지막으로 검증하는 것이 토론의 구조인 것이다. 이러한 구조에 따라 반론과 재반론을 통해 판단의 결론을 얻도록 훈련하는 것이 세 번째의 '문제해결의 열매' 과정으로 다음의 그림을 통해 설명하겠다.

자연에서는 과실나무에 열매가 맺으려 할 때 열매를 갉아먹는 벌레가 있기 마련이다. 좋은 열매를 얻기 위해 농부는 다양한 방법으로 벌레 잡는 노력을 해야만 한다. 이것을 비유하여 문제해결의 열매과정을 만든 것이다. 즉 토론에서는 내가 제시한 의견이 받아들여지기 위해 결론을 얻는 과정에 반드시 상대측의 반론이 있게 된다.

그 반론의 내용은 내가 제시한 의견의 문제점을 지적하는 것인데 그때의 느낌은 부실한 내 자신의 열매를 벌레가 갉아먹는 듯하다. 그래서 반론에 대하여 다시 한번 반론하는 재반론의 과정은 마치 열매를 갉아는 벌레를 잡는 것과 유사한 과정이다. 이 과정은 나의 논리를 다시 한번 점검하여 이치에 맞고 타당한 근거를 제시함으로 내가 주장하고자 하는 의견이 좋은 열매로 결실을 맺는 것이다.

아래 그림은 이러한 과정을 '열매-벌레-벌레잡기'로 표현한 것이다.

지금까지 제시한 논제분석과 논리세우기를 위한 D.T 생각나무 훈련을 위해서 다음과 같은 의견(논점)을 찾기 위한 브레인스토밍 훈련이 필요하다. 아이들은 머릿속으로만 생각해서는 자신의 의견을 내놓는 것이 쉽지 않다. 따라서 A4용지 같은 곳에 그림과 같은 표를 만들어 자신들의 머릿속에 있는 생각을 끄집어내는 훈련과정이 꼭 필요하다

아래의 표 사용방법은 다음과 같다.

1) 찬성과 반대 측으로 칸을 나누어 놓고 논제를 생각할 때 떠오르는 단어를 왼쪽에 나열한다.

2) 나열한 단어에 대하여 오른쪽에 그 해석을 쓴다.

해석을 쓸 때에는 긍정적 해석과 부정적 해석 모두를 적어 놓는다. 한 가지 더 요구한다면 평상시 부정적으로 생각했던 부분이 있다면 긍정적 해석을 찾고 긍정적 해석을 갖고 있었다면 부정적인 해석을 찾는 노력이 중요하다.

3) 논점(의견)찾기 브레인스토밍을 통해 찾아진 단어나 개념을 인터넷 검색창에 올려놓고 이와 관련된 다양한 자료들을 검색하여 찾아본다. 이를 통해 찾아진 다양한 자료를 가지고 요약, 정리하되 최종적인 자신의 의견을 만드는 '이유-근거'로 사용하는 것이 바람직하다.

논점 찾기 Brain Storming

단어	베짱이의 장단점(장점은 단점으로, 단점은 장점으로)
게으름	노는 것이 아니라 밴드연습이다.
음악연주	현대인이 좋아하는 직업이다. / 밥벌이가 안 된다.
여름에만 활동	겨울에는 어떻게 할 것인가? / 겨울에는 여가생활을 할 수 있다.
겨울식량 준비 안 함	베짱이의 직업은 가수다. / 거지가 될 수밖에 없다.
좋아하는 일	해야 할 일을 해야지 좋아하는 것만 해서는 안 된다.

단어	개미의 장단점(장점은 단점으로, 단점은 장점으로)
성실, 열심	자기 생활이 없다.
식량준비	문화생활을 즐길 줄 모른다.
베짱이 도와줌	당연한 것이다.
부자	행복의 기본조건이다.
종일 일만 함	건강을 해칠 수 있다.

제3장

HOW
아이들의
토론역량 기르기

본 장에서는 구체적인 토론역량 훈련기법을 다루어보고자 한다. 특히 연령별로 나누어 어떻게 할 것인가를 설명하고자 한다. 그 이유는 아이들은 인지능력의 발달수준에 따라 지식정보의 수집과 이해, 정보의 판단과 활용능력이 현격하게 차이가 있으며 생각의 조합과 의사전달 능력 또한 크게 다르기 때문이다. 따라서 세 살부터 일곱 살, 초등저학년과 고학년, 중고등학생들을 따로 따로 분리하여 그들에 대한 토론역량 훈련수준과 방법을 제시해 보았다. 이는 필자들이 그동안 가르치며 경험해온 토론교육의 노하우를 바탕으로 집필한 것이기에 본 책자를 통해 말하고자 하는 '토론교육 하우 투?'라는 질문에 대한 답변이다.

토론교육은 연령에 따라서

초등학생과 중고등 학생들은 지식정보의 인지능력과 생각에 대한 표현능력이 연령에 따라 크게 다르다. 그렇다 보니 토론수업에서 보여주는 논증의 내용과 방법 또한 학년에 따라 수준 차이가 크게 나타난다. 이런 현상은 너무나 당연한 것이며 자연스러운 것이다. 그러나 문제는 아이들의 인지능력에 따라 토론교육 방법이 달라야 한다는 사실을 모르고 토론수업을 진행하는 경우가 있다는 것이다. 그뿐만 아니라 구체적으로 어느 연령대에 무엇을 훈련해야 할지 몰라 초등고학년이나 중학생을 같은 방법으로 훈련시킨다는 것이다.

이번 장에서는 연령대에 따라 달리 적용해야 할 토론교육 내용에 대하여 살펴보고자 한다. '토론교육'은 인지능력과 이휘력을 갖추어 의사소통이 가능한 만 세 살부터 할 수 있다. 아울러 난이도가 높은 토론역량까지 습득하려면 고등학생 정도면 충분히 가능하다. 이를 바탕으로 토론교육을 위한 인지능력의

치이를 연령에 따라 분류한다면 다음의 다섯 단계로 분류할 수 있다. 첫째, 세 살에서 일곱 살. 둘째, 초등학교 저학년(1~2). 셋째, 초등학교 중학년(3~4). 넷째, 초등학교 고학년(5~6) 다섯째, 중고등학생 등이다.

 연령별 토론역량과 교육방법

연령	토론교육목표	토론역량	교육방법
세 살에서 일곱 살	자기의사 표현하기	듣고, 보고, 이해하고, 표현하고	질문과 대답
1~2학년	문장을 완성하여 말하기	설명하기	의견발표하기
3~4학년	내 생각 만들기	이유와 근거 말하기 다른 생각, 새로운 생각	이야기식 토의, 토론 찬반토론, 신호등토론
5~6학년	토론기법 완성하기	주장, 반박, 질문, 설득	Debate
중학교	탐구토론	논리와 논증 관점의 다양성 비판적 사고력	Havruta. Debate
고등학교			

세 살에서 일곱 살 :
듣고 보고, 이해하고 표현하고

아이와 언어적 의사소통의 시작은 보통 세 살에서 시작된다. 그러나 이때에 아이가 "물~" 하면 물을 달라는 건지, 물이 차갑다는 건지, 물을 마시기 싫다는 건지 정확한 의사표현은 되지 않는 시기이다. 그러면서 차츰 "물 줘" "물 차워" 하면서 짧지만 의사표현을 시작한다. 이러한 변화의 모습은 아이들이 뇌 발달 단계에 따라 차근차근 말을 배운다는 증거이기도 하다. 어린아이에게 뇌의 기능은 정보수집과 모방능력이 우선적으로 발휘되기 시작한다. 끊임없이 들려오는 가족의 이야기 소리, 주변의 말소리를 들으며 언어회로를 발달시킨다. 그 후에는 단어의 소리와 단어가 나타내는 사람, 장소, 사물 사이의 관련성을 수집하고 저장하기 시작한다. 이것이 세 살배기 아이들에게 시작되는 공부다. 또한 서너 살의 아이들은 "내일 집에 갔어요." "할머니 밥 먹어."처럼 시제나 존칭을 어색하게 말하는데 이것은 아직 언어영역이 발달 중이기 때문이다.

이 시기에 가장 중요한 역할을 하는 것이 바로 책 읽기다. 책 읽기는 뇌의 다양한 영역에 영향을 미친다. 무언가를 읽을 때는 뇌의 활성화가 시작되는데, 놀라운 것은 읽기가 끝난 후 여러 날이 지나도 아이들의 뇌 속에는 읽기와 관련된 영역들이 여전히 활성화되고 있다는 사실이다. 그뿐만 아니라 세 살에서 일곱 살 영역에서는 읽을 때보다 이야기를 들을 때 더 많은 뇌의 활성화가 이루어진다. 이때에는 이야기를 듣기만 해도 마치 보는 것처럼 뇌의 시각 영역까지 활성화된다. 이러한 발달단계의 특징에 따라 세 살에서 일곱 살 아이들의 토론교육은 첫째, 듣게 하고 둘째, 보게 하며 셋째, 이해했는지 확인하는 과정이 필요하다. 그러나 가장 중요한 교육방법은 네 번째로 교육을 실행해야 한다. 그것은 부모나 선생님의 질문에 대답하게 하되 다양하게 표현하도록 하는 것이다.

'다양한 표현방법'으로는 그림으로 표현하거나 몸짓으로 표현하는 것도 좋은 방법이며, 만들기를 통해 표현하고, 자신이 만든 모형에 대하여 이유를 설명하게 하기까지 진행될 수 있다면 가장 좋은 방법이다. 이러한 방법은 자연에서 소재를 찾아 표현하게 하는 것도 좋다. 예를 들어 공원에 나가 함께 놀면서 공원에 있는 나뭇가지를 주워서 자기가 표현하고 싶은 모양을 만들도록 하는 놀이 등을 말한다.

▶ 낙엽과 나뭇가지로 만든 매미

▶ 낙엽으로 만든 시계

초등학생의 토론교육

초등 저학년 : 정보가공 능력을 기르는 내 생각 만들기

초등학교 저학년 아이들의 뇌는 나무의 뿌리와 같다. 선생님이 가르쳐주는 모든 것을 여과 없이 빨아들인다. 그만큼 주어진 정보를 습득하는 능력이 탁월하다. 반면에 정보의 가공능력은 아직 생성되지 않았기 때문에 이때부터 정보가공 훈련이 시작되는 시기이다. 공부란 정보를 습득하고 가공하는 과정을 말한다. 학교공부가 시작되는 초등학교 저학년 연령에서는 정보를 습득하는 훈련과 정보를 가공하는 훈련으로 토론교육이 이루어져야 한다.

정보습득 훈련이란 학교에서 보낸 시간들과 그 시간들 속에서 이루어진 다양한 활동들을 매일매일 정리하여 새로운 지식으로 담아두는 훈련을 말한다. 부모들은 아이들이 학교에 갔다오는 것에 대해 가볍게 생각하면 안된다. 그리고 학교에서 수업시간에 선생님께 배우는 것만을 공부로 생각한다면 그것은 어리석은 부모가 되는 것이다. 아이들이 학교에 갔다온다는 것은 날마다 새로운 세상과 만나는 것이며 새로운 지식과 정보를 얻는 기회를 갖는 것이다. 즉 학교라는 사회에 진출하는 것이며 그곳에서 만난 아이들과의 모든 대화가 정보이고 선생님으로부터 들은 이야기, 교과서에 나온 모든 내용들이 아이들에게는 멋진 지식인 것이다. 이때 중요한 문제는 이러한 정보와 지식들을 얻게 되는 학교생활이 재미있어야 한다는 것이다. 그리기 위해서는 날마다 정보와 지식을 정리하는 시간이 아이들에게 필요하다. 그러나 현실은 그러한 기회를 주지 않는다. 선생님은 학교 안에서만 일방적으로 당신의 이야기를 들려줄 뿐이며 부모들은 아이의 이야기를 들어주는 것에 대한 중요성을 간과하기 때문에 일방적으로 자신의 의사를 전달만 하고 지시한다. 그 결과 아이들은 그날에 얻은 정보와 지식이 자연적으로 소멸되어 버린다.

초등학교 저학년의 토론교육은 부모와의 대화시간을 통해 이루어지는 것이 중요하다. 만일 부모가 바쁘다는 핑계로 아이와의 대화 시간을 갖지 않는다면, 그 자녀는 언어의 발달이 더디게 되고 정보와 지식을 가공할 기회를 놓치는 결과를 가져올 수 있다. 부모들은 자신의 자녀들에게 책 읽기를 강요하다시피 한다. 그러다 책 읽기 지도가 뜻대로 안 되거나 실패하게 되면 "우리 아이가 책 읽는 것을 너무나 싫어해요."라는 하소연을 한다. 분명한 것은 초등 저학년 아이들은 부모가 아이와 더불어 날마다 자신이 얻은 정보와 지식을 정리할 시간을 갖는다면 아이가 책 읽기를 싫어하는 일은 줄어들 것이다.

정보가공 훈련이란 '내 생각 만들기'로 표현할 수 있다. 정보가공 훈련이야말로 부모와의 대화를 통해 이루어지는 교육이다. 그렇기 때문에 그날에 있었던 이야기를 나누며 그것에 대한 아이의 생각을 들어보는 가족 간의 대화시간은 아이들로 하여금 자신의 생각을 갖게 하는 매우 훌륭한 정보가공 훈련의 시간이다. 이러한 시간은 아이의 뇌 발달과 직결되는 시간이며, 아이들의 언어발달과 학습능력 발달노 함께 이루어지면서 아이들의 시고력괴 표현력은 기대 이상으로 발전하는 매우 귀중한 교육시간이 될 것이다.

초등 중학년 : 다른 생각, 새로운 생각의 훈련

초등학교 저학년의 토론교육은 온전히 부모에게 달렸다고 해도 틀린 말이 아니다. 그럼에도 불구하고 가정에서 대화가 없이 자란 아이들이 많은 것이 현실이다. 이러한 아이들의 특징은 모둠 수업에 잘 적응하지 못하는 모습으로 나타난다. 또한 생각하기를 싫어하거나 일어나 발표하는 것 자체를 매우 힘들어 한다. 더 힘든 것은 학교에서 수업을 진행할 때 교사가 수업을 진행할 수 없을 정도로 여러 가지 어려움을 주게 된다는 것이다. 이렇게 되면 아이나 교사 모두에게 수업시간이 힘들고, 효과적인 수업을 진행하는 방법에 대한 어려운 문제로 남게 되는데 이러한 어려움을 모르는 사람이 있다. 다름 아닌 수업 진행을 방해한 아이의 부모인 것이다. 학부모들은 자신의 자녀가 학교에 가서 어떠한 모습으로 학교생활을 하는지 잘 모른다. 관심은 많지만 그저 학교생활을 잘 해내고 있을 것이라고 생각하고 믿기 때문이다. 그래서 부모와의 대화가 중요하고 필요한 것이다. 다시 한번 강조하면 초등학교 저학년 연령 때에 가정에서 대화가 없이 자란 아이는 초등학교 3~4학년이 되면 그 후유증이 심각하게 나타날 수도 있다는 것이다.

초등학교 3학년에 들어서면서 부터는 아이들의 의사표현 능력이 확연히 발달한다. 성장과정에서도 자아가 형성되기 시작하는 시기이면서 지식습득 능력 또한 저학년보다 크게 성장하는 시기이다. 이때부터는 의사표현에 대한 틀을 잡아주고 학습의욕을 고취시켜주어야 하는 시기라서 선생님의 역할도 중요하지만 무엇보다도 부모의 역할이 중요한 시점이다.

이 시기에 선생님이나 부모의 역할은 '다른 생각', '새로운 생각' 만들기 훈련에 중점을 두어야 한다. 예를 들어 수업시간에 한 아이에게 어떠한 내용에 대하여 준비한 대로 발표를 시켰다고 가정했을 때 다른 아이들에게 "더 좋은 생각은 없을까?" 또는 "친구의 발표에 다른 생각을 갖고 있는 사람 이야기해보겠니?"라는 주문을 통해 생각의 훈련을 다듬어 나가는 것이다. 다른 생각, 새로운 생각이라는 것이 바로 자기 생각을 갖고서 하는 공부의 출발점이기 때문이다. 재미있는 공부란 무작정 암기하는 것도 아니고 누가 시켜서 하는 것은 더더욱 아니다. 스스로 새로운 것과, 다른 것을 찾고자 하는 의욕을 심어주어 자기 스스로 주도적으로 할 수 있도록 하는 것이다.

이것이 중학년 시기에 훈련해야 할 공부습관이기도 하다.

초등고학년 : 역지사지(易地思之)를 통한 소통능력

본격적인 토론교육은 초등학교 고학년부터이다. 이때는 또래들과 사귐이 활발해지고, 자아의식이 활성화되며, 자신의 정체성을 가지고 고민하기 시작한다. 그리고 스스로 무언가를 결정하고 싶어 하는 독립심이 생기기 시작한다. 반면에 자신의 결정에 대하여 책임져야 하는 압박을 느끼면서도 책임은 회피하려 하는 이중적 행동을 보이기 시작한다. 즉 사람들과의 관계 속에서 본격적인 갈등이 시작되는 연령이다. 갈등의 첫 번째 대상은 부모들이다. 왜냐하면 부모는 자신의 봉제를 벗어나고 싶어 하는 지녀의 언행과 기대를 채워주지 못하는 자녀의 생활태도로 인해 고민하게 되고, 자녀는 부모의 간섭과 통제로부터 탈출하고 싶어 하기 때문이다.

이러한 현상은 아이들의 발달과정에서 나타나는 자연스러운 모습이다. 하지만 그대로 방치될 경우 잘못된 생활태도와 습관들, 생활 속의 부작용으로 나타날 수가 있다. 초등학교 고학년 연령의 특징을 감안할 때 이들에게 필요한 토론교육은 지식을 습득하거나 가공하는 지적인 훈련보다 '역지사지(易地思之)'라는 '관점의 다양성' 훈련이 가장 필요한 시점이다. 대부분 어려서부터 부모의 전폭적인 지원을 받던 아이들이기에 자신의 입장에서만 생각하는 이기적인 태도를 가질 수밖에 없다.

그러나 토론은 다른 사람들과의 관계 속에서 발생하는 생각의 충돌을 해결하는 것이다. 이것을 해결하기 위해서 초등학교 고학년 시기의 토론교육 목표는 '관점의 다양성 훈련'이 되어야 한다. 본격적인 토론교육의 출발 시기라 할 수 있는 초등고학년 연령에서는 공동체 안에서의 도덕적 책임 또한 훈련되어야 하는 연령이기에 자기만을 생각하는 이기적 관점에서 벗어나게 해야 한다. 그러면서 다양한 사람들의 다양한 입장을 생각하는 이타적 관점 훈련이 초등고학년의 토론교육 목표가 되는 것이 바람직하다.

Chapter 4

중고등학생의 토론교육

중학교 : 리서치(탐구)습관과 자기주도성 훈련

중학교에 진학하게 되면 상황은 완전히 달라진다. 무엇보다 교실분위기와 수업방법이 초등학교와 확연한 차이가 있다. 초등학교 수업은 교과 관련 학습 활동 시간뿐 아니라 체험학습이라든지 일주일에 하루씩 교과 수업을 하지 않고 교과와 관련된 스포츠 활동, 취미 활동, 현장 학습 등을 실시하는 재량학습 등을 권장하기에 학교출석에 대한 큰 부담 없이 다양한 활동들을 마음껏 즐길 수 있다. 반면에 중학교부터는 틀 속에 갇힌다는 느낌을 갖게 된다. 물론 일학년은 자유학기제 또는 자유학년제가 있어서 다소 유연성을 갖지만 2학년부터는 본격적인 입시경쟁에 뛰어드는 분위기를 갖게 된다. 이때부터는 수업시간에 선생님의 강의가 많은 비중을 차지한다. 무엇보다 가장 큰 변화는 시험성적에 대한 부담이다. 심지어 대학진학까지 염두에 둔 고등학교 진학경쟁은 내신 성적에 대한 압박과 더불어 수행평가에 대한 부담까지 갖고 학교생활을 하게 한다.

이러한 교육환경의 변화를 감안할 때 중학교 연령에서 필요한 역량은 자기주도적 학습태도와 탐구능력이다. 학교성적을 염두에 둔 교과학습에 대한 경쟁은 이미 초등학교 고학년부터 본격적으로 시작된다. 부모들은 자신의 자녀가 뒤쳐지게 될까 염려하여 너도나도 영어나 수학학원에 보낸다. 이러한 교과목 학습에 대한 부담은 중학교에 진학하면서 한층 증가되고 여기에 눌린 아이들은 공부가 스트레스라는 생각을 더 많이 하게 된다. 따라서 중학교 생활을 시작하면서 가장 중요한 것은 공부의 스트레스에서 벗어나는 비결을 터득하는 것이다. 그 비결은 다름 아닌 자기주도성 훈련과 리서치(탐구)에 대한 훈련이다. 따라서 중학교 연령에서는 공부의 필요성에 대한 마인드세팅과 모르는 것과 궁금한 것은 무조건 찾아보겠다는 탐구(리서치) 습관을 길러주는 것이 최우선되어야 한다. 그래야만 다음 단계의 학습을 소화해 낼 수 있다.

자기주도성과 리서치(탐구)습관은 어떻게 길러줄 수 있을까? 디베이트 방식 토론교육이 해답이다. 왜냐하면 중학생부터는 디베이트 방식의 토론을 소화해 낼 수 있는 인지능력이 충분하기 때문이다. 하지만 디베이트의 특징은 혼자 하는 것이 아니라 팀을 이뤄서 해야 하며, 두 팀이 상호 배틀 형식으로 진행되기에 토론에 적극적으로 임하는 학생들이 모였을 때에만 그 효과를 얻을 수 있다. 디베이트 방식 토론은 토론 전에 스스로 논제에 대하여 찬성과 반대 양측 입장에서 분석한 논증자료를 준비해 와야 효과를 얻을 수 있는 교육방법이다. 결국 준비된 학생들이 아니라면 디베이트 수업은 불가능하다.

자기 주도적 학습 분위기와 사전 자료조사가 가능해지려면 먼저 학급 안에서 학생들의 학습 분위기가 개선되어야 한다. 서로가 다른 친구들의 토론활동을 돕겠다는 마음으로 자료준비에 적극적이어야 한다. 그러나 아직까지 우리의 교육 현장에서는 이런 모습을 보기가 어렵다. 물론 학교에 따라서 그리고 학급에 따라서 분위기는 다를 수 있다. 하지만 대부분의 학생들은 디베이트 수업에 참여하기 위해 사전에 자료를 조사하여 읽고 분석하는 등의 예습을 하는 것에 익숙하지 않다. 그 이유는 지금까지의 학교에서 하는 수업방식이 학생 참여형이 아니라 선생님의 일반적인 강의로 이루어졌기 때문이다. 이러한 수업방식은 학생들이 예습을 할 필요가 없었다. 모든 것을 선생님이 가르쳐주었기 때문이다. 또 다른 이유는 학교 수업을 마치면 대부분의 학생들이 학원으로 간다는 것이다. 그곳에서도 학교와 같은 방식으로 복습이나 선행학습을 하고 있다. 그러다 보니 토론방식의 수업을 해볼 기회가 없다. 특히 토론수업을 위해 스스로 자료 준비를 한다는 것이 습관화되어 있지 않아 힘들고 귀찮다고만 생각한다.

토론교육은 학업의 본질인 자기 주도적 학습과 탐구하는 습관을 훈련할 수 있는 교육방법이다. 하지만 대한민국의 학교 현실은 수업시간에 토론교육을 하기에는 여러 가지 문제점이 있어 토론을 경험할 수 있는 기회가 많지 않다는 것이다.

학생들의 생각이 성장할 수 있고 탐구학습이 가능하게 토론교육을 하기 위해서는 학교수업시간에 토론수업을 할 수 있는 방법을 모색하고, 문제점을 찾아 지적 호기심이 왕성한 중학교 연령에서 토론교육이 반드시 이루어져야 한다는 것이다. 만약 수업시간에 토론교육을 활발히 할 수 없다면 현실적으로 가장 바람직하고 가능한 방법은 학교 안에서 학생들이 토론동아리를 가입하거나 만들어서 주기적으로 토론하는 것이다. 이 과정에서 아이들은 생각의 차이점뿐만 아니라 배려와 공동체에 대해 알게 될 것이고 그것이 곧 글로벌리더가 되는 첫 번째 자세라 할 수 있을 것이다.

필자가 경험한 훌륭한 사례가 있다. 군포에 있는 한 중고등학교에서 여름방학을 이용해 디베이트 특강이 개설되어 강의를 하였다. 희망하는 학생들을 모집하니 약 50여 명이 지원하여 두 개 반으로 편성해 3시간씩 5일간 진행하였다. 마지막 날 팀을 결성하여 디베이트 배틀을 실시하니 학생들의 토론실력이 기대 이상으로 발전됨을 볼 수 있었다. 그러나 더욱 기쁜 것은 토론을 하기 위한 리서치하는 과정에서 자신들의 공부하는 습관을 바꿔야 하는 것을 깨달았다는 반응이었다. 그리고 디베이트 특강을 진행하는 동안 필자는 학생들에게 토론동아리를 만들라고 적극으로 권유하였다. 그 결과 두 개의 토론동아리가 결성되었다.

그뿐만 아니라 이러한 특강의 결과를 본 학교 측에서는 가을에 전교생을 대상으로 한 토론대회를 개최하였다. 놀랍게도 약 40개 팀이 출전하여 성황을 이루었고 학교 전체가 토론하는 분위기가 조성되었다.

최근에는 많은 학교들이 교내 토론대회를 개최하여 학생들의 토론역량을 평가하고 있다. 그런 학교는 교내 토론동아리 활동이 활성화되어 있다고 할 수 있다. 만일 학교에 토론동아리가 없다면 누군가 나서서 동아리를 결성하기를 바라는 마음이 크다. 이때 수고스럽지만 열정적인 교사가 학생들에게 토론동아리를 만들 수 있도록 도와준다면 더할 나위 없이 기쁜 일이 될 것이다. 그럼에도 불구하고 학교 안에서 토론활동을 한 기회가 없다면 학교 밖에서 찾아볼 수도 있다. 최근에는 학교 밖에서 토론교육을 실시하는 모임들이 생겨나고 있다. 필자가 운영하는 (사)한국디베이트코치협회도 매월 마지막 주 일요일에 학생들이 모여 한 권의 책을 읽고 서로의 생각을 공유하며 관점의 다양성을 인정하는 '아렌디 주니어토론클럽'이 있다. 청소년이면 누구든지 참여해서 토론을 경험하고 자기의 생각을 마음껏 펼칠 수 있는 기회를 제공하고 있는 것이다. 아렌디 주니어토론클럽처럼 청소년들에게 토론할 수 있는 장을 마련해 주는 또 다른 토론클럽들이 전국 곳곳에 결성되어 우리 청소년들이 사고하고 토론하는 과정에서 철학적 가치와 본질을 찾아갈 수 있도록 도와줄 수 있는 공공의 장소가 많이 생겨나고 진행되기를 바란다.

리서치를 위한 읽기 훈련

토론을 위해서는 풍부하고, 정확한 리서치가 매우 중요하다. 이러한 리서치를 위해서 필요한 역량이 자료 읽기 능력이다. 토론에 필요한 자료를 많이 찾아 놓았지만 이것이 논제에 적합한 자료인지, 내용이 충부하고 알찬지 평가할 줄 알아야 한다.

그러기 위해서는 평소 읽기 훈련이 필요하다. 다음에는 리서치 자료 읽기를 위한 몇 가지 핵심을 설명하고자 한다. 리서치 자료를 읽을 때는 다음과 같은 방법으로 읽는 것이 좋다.

1) 훑어보기 : 이해가 안 되더라도 일단은 처음부터 끝까지 훑어본다.

글을 읽기 전에 반드시 신문의 헤드라인처럼 제시하는 글의 제목이 있는지 찾아본다. 일반적인 글에서는 대개 제목이나 단원의 명칭은 글의 전체적인 주장을 암시하거나 요약해 놓고 있다. 글을 읽을 때 제목이나 단원의 명칭을 알고 읽게 되면 전체적인 윤곽을 머릿속에 그린 상태에서 내용을 파악할 수 있다. 따라서 문제의 질문의도를 파악하게 되고, 자료의 내용 중에 중요한 부분이 어딘지를 쉽게 찾을 수 있게 된다. 이처럼 전체적인 윤곽을 파악하려면 이해가 어려운 문장이나 내용에 집착해서는 안 된다. 전혀 모르는 내용을 한 문장 한 문장 고민하면서 읽기보다는 쭉 훑어보고 전체적인 윤곽을 머릿속에 넣고 있을 때 이해하기가 훨씬 쉽다. 이를 맥락적 읽기라고 하며 지금 읽고 있는 내용이 전체 맥락에서 어떤 역할을 하고 있는지 감을 잡을 수 있다.

2) **정독하기** : 문제가 되는 부분, 이해가 안 되는 부분을 집중적으로 읽어라.

처음부터 끝까지 내용을 훑어보았다면, 이제 내용을 처음부터 꼼꼼하게 다시 읽는다. 중요한 것은 그냥 읽어 나가는 것이 아니라 '방향을 잡고' 읽어야 한다는 것이다. 즉 논제에서 요구하는 바를 염두에 두고 이에 따라 읽어 나가야 한다. 그리고 일반적인 글 읽기라면 저자의 의도와 훑어보기를 통해 파악한 전체적인 글의 맥락을 염두에 두고 읽어 나가야 한다. 질문이 의도하는 바가 무엇인지를 염두에 두고, 머릿속으로 계속 내용을 정리하면서 한 단락 한 단락 읽어 가는 것이다. 그렇게 하지 않는다면 열 번을 읽고, 백 번을 읽어도 눈에 활자가 스쳐 지나가고 있을 뿐 내용이 가슴에 와닿기 힘들다.

3) **핵심 문장에 밑줄을 치며 읽기**

세 번째로, 처음부터 다시 읽는다. 세 번쯤 읽으면 어렵게 느껴지던 글도 대부분은 이해가 될 것이다. 이때부터는 글에 나타난 주장을 명확하게 찾아야 할 때다. 일단 핵심적인 주장을 밝혀야 한나. 대개는 '따라서', '그러므로' 등의 말로 시작되는 말('결론 지시어')들은 결론이 되는 중요한 말들을 꾸미는 경우가 많다. 그리고 주장이 무엇인지를 찾아내게 되면 그 문장에 밑줄을 친 다음 이 주장을 뒷받침하기 위해 들었던 근거들을 하나씩 찾아내야 한다. 이것은 논증을 위한 자료를 정리하기 위한 전초 작업이기도 하다.

4) 논증 형식으로 정리하기

내용이 전부 이해가 되었다면, 자료 내용을 논증 형태로 정리를 한다.

> **논점** (근거) 1
>
> **논점** (근거) 2
>
> ∴ **결론**(주장 확인)

이런 형식이다. 그러나 일상적인 글에서는 전제(근거)들이 죽 나온 다음에 최종적으로 결론이 나오는 경우(귀납법)가 있고, 결론(주장)이 먼저 나오고 근거들이 뒤따라오는 경우(연역법/신문이나 광고 등)가 있다. 또한 결론과 주장이 뒤섞여 있는 경우도 있는데 주로 논리적 훈련이 안 된 사람들이 글을 쓰거나 말을 할 때 이런 경우가 있다. 이들의 말에는 주장만 있고 근거가 없는 경우가 있으며, 근거로 보이는 것들을 잔뜩 늘어놓는 듯한데, 정작 주장(결론)이 무엇인지 잘 정리되어 있지 않다.

이런 현상은 토론에서도 나타난다. 정제되고 훈련된 주장보다 훈련되지 않은 주장은 반론하기가 더 어렵다. 이유는 반론해야 할 내용이 무엇인지가 도

대체 명료하지 않기 때문이다. 만일 이런 수준의 팀들끼리 토론할 경우에는 대체로 '우기는 팀'의 승리로 끝나게 된다. 이는 주장하는 사람이나 반박하는 사람이나 논점이 파악이 안 되는 상태이므로 목소리 큰 사람이 이기는 어이없는 상황이 된다는 뜻이다.

이러한 안타까운 일을 경험하지 않으려면 리서치 과정에서부터 논증형태로 자료를 정리하면서 논리성의 내공을 훈련하는 것이 필요하다.

고등학교 : 비판적 사고력

고등학교에서는 한 차원 높은 수준의 토론교육이 이루어진다. 대학입시에서 실시하는 '논술고사'가 이것을 증명하고 있다. 논술은 글로 쓰는 토론이다. 또한 주어진 주제가 갖고 있는 문제에 대하여 해결방안을 답안지에 제시하는 시험으로 문제해결능력에 대한 역량테스트이다. 논술문을 작성하려면 배경지식과 사고력이 깊어야 한다. 더 폭넓은 지식을 습득해야만 하고 더 깊고 짜임새 있게 분석하여 자신의 의견을 펼쳐나가야 한다. 무엇보다 주어진 주제에 대해 자신이 선택한 입장에 대한 논증을 펼쳐 나가는 것이 논술이기에 첫 번째로 중요하고 필요한 능력이 비판적 사고력이다.

비판적 사고력은 문제 자체를 통찰하고 분석하는데 필요한 역량이다. 또한 문제해결 방안에 내하여 점검하고 가장 바림직한 빙법을 찾는 것에도 필요한 역량이며 다른 생각을 가진 사람들을 이해하기 위해서도 필요한 역량이다. 이 역량은 인지발달 과정상 고등학생이 되어야 효율적인 교육이 가능한 부분이기에 고등학생 연령에시의 도론교육 목표는 깊이 있는 비판적 사고력 훈련이 바람직하다고 할 수 있다.

비판적 사고력이란

▶ 주어진 정보의 의견을 그대로 받아들이는 것이 아니라 정확성, 엄밀성, 명료성, 논리성 등의 기준에 의해 더 나은 정보와 의견을 체계적으로 확인해 나가는 능력

▶ 학습활동을 전개하는 과정에서 주어진 학습 자료에 대해 일련의 질문을 던지고 이에 대한 답을 찾는 활동을 통해 개발되는 능력

아직까지 우리 사회에서는 전문적으로 토론이나 논술을 배우거나 가르치는 사람들이 아니면 '비판적 사고'에 대해 잘못 이해하고 있는 경우가 많다. 우리 사회는 다른 나라에 비해 평균학력이 높다. 하지만 대부분이 직업을 위한 전문지식을 쌓은 시간들이지 사회생활을 위한 일반 상식과 교양을 쌓는 것은 도외시한 부분이 있다. 그렇기에 비판적 사고에 대해 그 중요성을 잘 모르고 생활에서 활용하지 못하고 있다.

다음에 설명하는 것들은 비판적 사고에 대한 인식을 바로잡기 위해 알아둬야 할 것들이다.

① 비난과 비판적 사고는 다르다.

비판적 사고는 타인이나 다른 의견을 헐뜯거나 부정적으로 바라보는 것을

의미하지는 않는다. 비판적 사고는 더욱 합리적이고 신뢰할 수 있는 결론을 얻어내기 위한 적극적인 이해와 판단의 과정이라고 할 수 있다. 여기에는 문제점을 지적하는 비판이 수반되지만, 다양한 특징과 장점 등에 대한 균형 있는 이해도 요구되며 다른 의견을 존중하는 열린 마음을 갖는 것 또한 중요하다.

② 자기 성찰로서의 비판적 사고

비판적 사고의 적용은 다른 사람들의 의견이나 외부에 나타난 현상들에 국한해서 하는 것은 아니다. 오히려 자신의 습관적인 행위, 판단, 고정관념 등을 되돌아보고 개선하는 것이야말로 비판적 사고의 진정한 가치이며 출발점이라고 할 수 있다.

③ 학습에서의 비판적 사고

비판적 사고력을 키우는 것은 학습에서 중요하다. 비판적 사고를 이끌어내는 학습은 스스로 생각하여 의미를 발견해 나가는 능동적 학습을 유도하며, 학습 내용에 대한 보다 깊은 이해와 새로운 의견을 가질 수 있도록 하는 데 도움을 주기 때문이다.

비판적 사고력을 기르는 기본자세

(1) 때로는 모른다고 말할 수 있어야 한다.

자기가 알고 있는 '진리' 혹은 '법칙'들이 아닐지도 모른다, 또는 내가 알고 있는 것이 틀릴 수도 있다는 입장을 가져야 한다.

② 자신의 언어로 정의할 수 있어야 한다.

상대방과 논쟁을 벌일 때, 상대방이 동일한 용어를 다른 관점에서 정의하고 있다는 것을 느꼈을 때 비로소 자신의 의견을 관철할 수 있는 기회가 시작되는 것이다.

③ 비판하기 전에 이해해야 한다.

다양한 견해를 거부하거나 수정하기 이전에 충분한 시간을 갖고 이를 이해하는 노력을 할 때 자신만의 새로운 아이디어가 창출될 수 있다

④ 대안을 탐색할 줄 알아야 한다.

다양한 의견과 대안을 통해 최대의 유익을 창출하려는 자세가 있어야 한다.

⑤ 끊임없이 질문해야 한다.

스스로 문제점을 제기하고 해답을 찾아내는 것이 바로 '비판적 사고'의 방법이다.

⑥ 최소 세 개 이상의 답을 구하도록 노력해야 한다.

하나의 답이 구해지면 또 다른 답을 찾도록 노력하는 것이 비판적 사고 태도이다. 찾아낸 답들이 비록 서로 다를지라도 이러한 과정의 반복을 통해 창의력이 발달되고 새로운 지적 세계가 열리게 된다.

⑦ 패러다임의 변화를 수용해야 한다.

패러다임의 변화는 세계관을 변화시킬 수 있다. 비판적 사고는 이렇듯 열

린 사고를 갖는 것이다.

비판적인 사고 훈련을 위한 질문들

T : true - 말하고 있는 것이 정말 참인가?

R : reason - 주장의 목적이나 이유는?

E : example - 주장을 뒷받침하고 있는 증거나 예는?

C : counterevidence & counterexample - 주장에 대한 다른 증거나 반대사
  례는?

A : alternative - 대안은 무엇일까?

비판적 사고 연습

1) 비판적 독서 : 지식을 창조하는 비판적 독자 되기

① 읽은 내용을 그대로 믿지 않는다.

② 책을 평가하기 전에 그 책이 어떤 종류의 책인지를 충분히 생각한다.

③ 저자가 누구를 대상으로 쓰고 있는지 생각한다.

④ 저자가 책을 쓴 목적과 그것의 달성 정도를 생각해본다.

⑤ 책 내용의 영향과 문체 스타일의 영향을 분리해 생각해본다.

⑥ 토론과 논쟁 부분을 분석하고, 저자의 주장과 그 근거를 잘 살핀다.

⑦ 모순된 정보나 일관되지 못한 부분은 없는지 자세히 살핀다.

⑧ 인용된 데이터를 다른 저자의 자료에서 찾아 비교해본다.

⑨ 주관적인 서술과 객관적인 서술을 구분한다.

2) TV 토론 시청 활용

최신 사회적 이슈를 다루는 TV토론을 통해 비교적 쉽게 비판적 사고에 접근할 수 있다. 또한 TV토론은 쟁점이 뚜렷하고 주제에 대한 다양한 견해를 비교해볼 수 있기 때문에 좋은 소재가 된다. 단 그 발언들이 보편적 상식이나 진리에 해당하는 것이 아니라는 사실을 명심하고 시청해야 한다.

3) 디베이트 방식으로 토론해보기

한 가지 관점만이 아니라 또 다른 입장에서 생각하고 토론을 함으로써, 각 관점의 전제, 문제점, 한계 등을 새로운 각도에서 바라보고 사고의 폭을 넓히는 훈련이다.

제 4 장

WHO

토론교육을 위한
교사와 부모의 역량과 역할

교육이란 아이를 중심으로 학교와 가정이 함께 완성해나가는 협업이다. 그 협업의 현장인 집에서는 아이들이 부모의 모습을 보면서 생각과 인격이 자라고 학교에서는 선생님이 갖고 있는 역량을 통해 시야가 넓어지고 실력이 자란다. 이러한 부모와 교사의 역할은 본인들이 원치 않아도 감당해야 하는 모습이다. 그렇기에 토론교육의 현장에서 발견되는 안타까운 모습은 그동안 우리사회가 토론교육을 위한 교사와 부모의 역할을 위해 역량을 준비할 기회가 거의 없었다는 것이다. 뒤늦게나마 교사와 학부모를 위해 토론교육 환경을 만들어가는 필수적인 역량을 본 장에서 소개하고자 한다.

토론교육을 위한 교사의 역량

    토론교육의 확산을 위해 활동하는 입장에서 가장 안타까운 것은 공교육 현장에서 토론교육에 관심 있는 교사가 생각보다 적다는 것이다. 물론 대부분의 교사들은 토론교육이 반드시 필요하다는 것에는 동의를 한다. 하지만 자신이 직접 토론식 수업을 이끌어 가는 것에 대해서는 난감해한다. 그 이유는 자신이 학생시절에 토론교육을 받아본 경험이 대부분 없기 때문이다. 토론교육은 무엇보다 많은 경험이 뒷받침 되어야 효과적인 수업진행이 가능하다는 특징이 있다. 즉 어느 날 토론을 배워서 곧바로 가르칠 수 있는 것이 아니다. 많은 시간과 생활 속에서 토론에 관한 이론과 경험이 축적되어야 무엇을 어떻게 가르쳐야 한지 개념이 파악되기 때문이다. 이러한 점을 감안하여 토론식 수업을 어려워하거나 힘들어하는 교사를 위해 교사가 필수직으로 갖추어야 할 역량 두 가지를 소개하고자 한다.

첫 번째는 논리세우기 지도방법이다. 이 방법은 토론에서 자기 팀의 주장을 펼쳐 나가기 위해 필요한 논리를 구성하는 것을 지도하는 것이며 이를 글로 표현한 것이 '입론서'이다. 모든 토론은 자기 팀의 입장에서 펼쳐 나갈 주장을 논리적으로 잘 세우는 것이 가장 중요하다. 그래야 상대팀의 논리를 극복하고 자기 팀의 논리로 청중과 심판을 설득할 수 있기 때문이다. 그뿐만 아니라 논리를 세워 가는 과정은 상대팀의 반론도 염두에 두고 구성해 나가는 것이 필수다. 따라서 자기 팀의 논리를 잘 세우는 능력은 상대 팀의 반론까지도 잘 파악하는 능력이 훈련되므로 매우 중요하고 필요한 훈련과정이다. 두 번째로는 토론수업의 구성방법과 교육효과에 대한 이해가 필요하기에 관련 내용을 간략하게 설명하고자 한다.

디베이트 준비와 입론서 작성 지도과정

초등학교 교실에서는 입론서를 작성할 정도의 어려운 토론교육은 바람직하지 않다. 입론서는 디베이트 방식 토론을 실시할 때 주로 작성하는 것으로 개인 차이가 있겠지만 중학생 정도가 되어야 제대로 된 입론서를 작성할 수 있기 때문이다. 토론교육을 가르치는 교사는 초등학생이나 중학생 이상을 지도할 때 반드시 입론서 작성하는 방법을 지도할 수 있어야 한다. 따라서 이 장에서는 디베이트 방식 토론을 기준으로 입론서 작성방법을 설명하고자 한다.

디베이트 방식 토론에서 다뤄지는 내용은 주어진 논제에 대하여 객관적 사실에 대한 생각과 주장의 전달이다. 이것을 정해진 형식에 맞춰 간결하고, 객관적인 설명과 논리적 증명을 통해서 다른 사람을 이해시키고 설득시켜야 한다. 그러기 위해서는 1. 논제에 관련된 자료와 생각 모으기 2. 중심의견(논점) 정하기 3. 근거자료 선택하기 4. 입론서로 작성하기 등의 순서에 따른 논리세우기 작업이 필요하다.

1. 논제에 관련된 자료와 생각 모으기

디베이트는 논제가 정확히 주어져 있다. 그렇다고 해서 정답을 찾아내려 하듯이 너무 심도 있게 접근할 필요는 없다. 가볍게 내용에 대한 자료를 모으고, 주장하고 싶은 내용과 생각의 방향을 낙서하듯이 써보도록 하는 것도 좋다. 다만, 디베이트를 하기 위해서는 자료를 모으기 전에 논제에 대한 파악이 우선되어야 한다. 출제자 입장에서 이 논제를 왜 냈을까? 내게 묻고 싶은 게 뭘까? 내게 요구하는 것이 무엇인가를 생각해보고, 그에 합당한 방향을 미리 생각해 두는 것이다. 그 다음 내가 알고 있는 생각들을 정리해보고 이를 뒷받침하는 사실적 근거 자료들을 최대한 많이 수집하는 것이 필요하다.

그 방법으로는 인터넷을 통해 자료를 검색하거나, 핵심 인물을 만나서 인터뷰를 할 수도 있고, 현장 조사나 관찰 조사가 필요할 경우엔 할 수도 있으며, 각종 논문이나 통계자료, 백과사전 등의 관련 문서들을 살펴보는 등 충분한 자료 수집이 뒷받침되어야 한다. 자료를 확보할 때 중요한 점은 자료의 확실성이다. 특히 인터넷 검색의 경우 허위 자료는 아닌지, 명백한 사실을 쓴 것인지, 자신의 생각을 쓴 것인지를 살펴야 한다. 그리고 정확한 사실의 믿을 만한 자료라고 판단되면 출처까지 적어 둬야 한다. 또, 자신의 생각을 되도록 다양한 방향으로 펼쳐보며 글에 담을 내용들을 생각해보고 정리해볼 필요도 있다.

단순히 1번, 2번 순번을 붙여 정리할 수도 있지만, 그것은 생각이 순조롭게 잘 진행될 때이고, 만일 생각이 잘 떠오르지 않는다면, 마인드맵을 활용하는 것도 좋다.

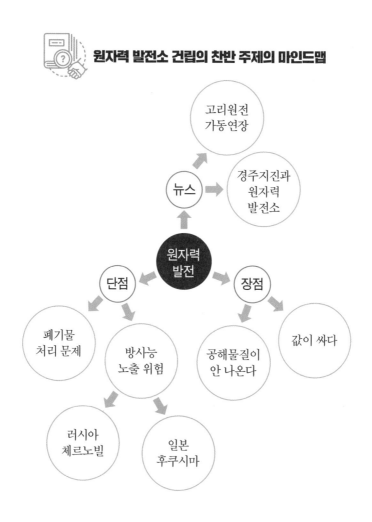

원자력 발전소 건립의 찬반 주제의 마인드맵

먼저 가운데에 논제를 써놓고, 떠오르는 생각들을 가지에 하나씩 뻗어내어 생각을 확장시켜 가다 보면, 다양한 생각들이 떠올리기 쉽다. 이 방법은 생각을 떠올릴 때도 좋지만, 나중에 자료를 정리하고 근거를 선택해야 할 경우에도 도움이 된다.

2. 중심의견(논점)정하기

자료를 정리하고, 생각을 모은 다음에는 자신이 말하고자 하는 내용의 중심 논점을 정해야 한다. 중심이 되는 논점을 정할 때는, 누구나 단순하게 말할 수 있는 가주제로 할 것이 아니라 좀 더 구체적인 참주제로 정해야 한다. 여기서 가주제란 일반적 개념의 명제나 생각을 말하는 것이고, 참주제는 일반적 명제에 자신의 관점과 생각이 들어간 구체적 명제를 말한다. 위의 마인드맵 주제를 예로 들어보면, '원자력 발전소 건립에 반대한다.'는 일반적인 명제의 가주제이지만, '원자력 발전은 안정적 관리에 위험이 크기 때문에 발전소 건립에 반대 한다.'는 참주제가 된다. 주제(논점)를 구체적으로 정할수록 글의 내용과 설명도 보다 구체적이고 현실성 있게 다가갈 수 있다.

3. 근거자료 선택하기

구체적인 주제(논점)를 정하고 나면, 자신이 수집한 자료들 중에 논점을 뒷받침할 근거로 사용할 자료들을 선택해야 한다. 디베이트에서는 시간이 한정되어 있기 때문에, 자신이 자세한 설명을 덧붙여서 알맞게 구성할 수 있는 분량의 근거 개수를 정하고(대부분 2~3개 정도), 그 개수에 맞게 자료를 선택하면 된다. 물론, 근거 자료는 확실한 출처와 꼭 필요한 내용이어야 하며, 자신이 충분히 이해하고 있어서, 설명하는 데 부족함이 없어야 한다. 아무리 확실하고 좋은 자료라도 자신이 모르는 부분이 많아서 설명에 무리가 생길 만한 자료라면 선택하지 않는 것이 좋다. 설명이 부족한 근거는 다른 사람들을 이해시킬 수도, 설득시킬 수도 없기 때문이다. 자신 있게 설명할 수 있고, 나른 사람들을 설득시킬 수 있는 확실한 자료만을 선택해야 한다.

4. 입론서를 작성한다.

디베이트 전에 입론서를 작성하는 것은, 논제에 대한 설계도를 그리는 것과 같다. 다른 사람을 설득한다는 것은 단순한 개요만으로도 가능하지만, 예외의 조건이 있거나, 설명해야 될 내용이 많을 수 있기에 입론서를 작성해보는 것은 반드시 필요하다. 입론서를 작성하면, 논리적 흐름을 놓치지 않을 수 있고, 설명해야 될 내용을 빠뜨리지 않을 수도 있으므로, 초보자에게는 가장 중요한 단계가 입론서를 작성하는 과정이다.

입론서는 처음, 가운데, 끝(주장하는 글에서는 서론, 본론, 결론) 부분으로 나누어 주로 3단 구성을 한다. 비율은 처음, 가운데, 끝 부분이 1:3:1 정도가 좋다.

논리세우기(立論)

튼튼한 입론이 디베이트 승패를 좌우한다

서론	■ 논의배경: 논제대 대한 입장 ■ 용어정의: 사전적 정의 / 재정의

본론(주장)	■ 논점(이유): 3가지 정도 두괄식으로 발표 　　　　　1. 첫째　　2. 둘째　　3. 셋째 ■ 논거(근거): 반론을 고려해서 객관적 근거를 선택하라

결론	■ 주장 정리

 입론서 쓰기

주장: 논제와 논의 배경

용어의 정리

의견1 (논점)	의견2 (논점)	의견3 (논짐)
이유와 근거1 (논거)	이유와 근거2 (논거)	이유와 근거3 (논거)

입론서를 작성하기 위해 꼭 필요한 능력이 논리성과 관점의 다양성이다. 그러나 대부분의 경우 논리적 사고와 관점의 다양성 훈련이 잘 되어 있지 않기 때문에 입론서 작성은 생각처럼 쉽지가 않다. 그렇기에 입론서는 여러 번에 걸쳐서 수정하는 작업이 필요하다. 처음 작성한 입론서를 다시 읽어보면 이야기의 흐름이 꼬여 있는 것을 발견하게 된다거나, 처음에 찾아냈던 논점과 논거보다 다른 내용이 생각나는 경우가 있다. 이럴 때는 입론서를 수정하면 된다. 다만, 수정하기 전에 어떤 근거가 더 타당하고 설득력이 있는지 잘 판단하는 것이 중요하다. 입론서를 다 쓴 후에는 반드시 검토하고 고치는 퇴고의 과정을 거쳐야 한다. 논점의 구성이 알맞게 이루어져 있는지도 살피고, 논점과 논점의 흐름이 잘 연결되었는지, 내용이 이해하기 쉽게 잘 써졌는지 등을 살펴보며 검토해야 한다. 그리고 자신이 디베이트할 때까지 시간적 여유가 있다면, 잠시 다른 일을 하고 나서 차후에 입론서를 살펴보는 것도 좋다. 왜냐하면 한참 생각에 빠져 있을 때는, 자신의 생각이 객관적으로 보이지 않기 때문이다. 잠시 다른 일을 하다 입론서를 다시 살펴보면 내용의 잘못된 부분이 더 잘 보일 수 있다.

디베이트는 문제 해결을 위한 논리적 주장이다

봄가을철에는 학교 및 지자체에서 토론대회들이 많이 열린다. 토론대회의 주제는 대부분, 사회적 쟁점들로 제시된다. 이는 사회적 현상에 대한 자신의 생각과 관점을 밝히고, 문제 상황에 대해 해결 방법을 제시해야 하는 것들이다. 즉 토론대회는 문제해결을 위한 자신들의 주장을 펼치는 훈련이란 의미가 크다. 문제 해결을 위한 토론은 일차적으로 자신의 생각과 주장을 잘 전달해야 한다. 그러기 위해서는 신뢰성 있는 객관적 내용을 가지고 논리적으로 주장을 펼쳐야 한다. 다만, 일방적인 주장과 다른 점은 문제를 해결할 수 있는 대안이나, 해결방안이 반드시 들어가야 한다는 것이다. 따라서 디베이트의 첫번째 순서인 입론과정에서는 문제 상황이나 문제점을 거론하는 논의배경으로 시작한다. 그래야만 문제제기를 통한 서론과 문제분석 및 대안 제시의 본론, 그리고 자신의 입장을 분명히 내세우는 결론으로까지 내용 흐름이 자연스럽다. 그 내용의 구성방법은 표로 표시하면 다음과 같다.

서론(논의배경)	문제상황(문제점)
본론(논점과 논거)	1) 원인분석 2) 해결방법 3) 기대효과
결론(마무리)	중심생각과 강조

서론 부분인 논의배경에서는 문제 상황을 제시하고, 본론에서는 앞에 제시한 문제 상황이 왜 생겼는지에 대한 원인을 분석하고, 문제 해결의 방안을 제시하는 의견을 논점으로 제시해야 한다. 이때 원인 분석은 눈에 보이는 당연한 원인이 아니라, 보다 근본적인 문제의 핵심을 파악하는 것이 중요하다. 물론 원인은 하나가 아니라 여러 가지일 수 있으며, 폭넓은 사고력을 통해 다양한 원인을 설명하는 것이 좋다. 원인 분석이 제대로 되면 그에 따른 해결방안 또한 명확해진다. 문제점의 원인을 해결하려면 어떤 대안이 있을지, 자신의 배경지식과 리서치 자료를 총동원하여 현실적으로 실현 가능하면서도 신선한 해결책을 제시해주는 것이 좋다. 현실적으로 실현 불가능한 것은 실효성이 없

기 때문에 좋지 않고, 남들도 다 생각할 만한 해결책은 신선하지 않아 깊은 인상을 남길 수 없다. 실현 가능하면서도 신선한 문제 해결 방법을 제시하는 것이 문제 해결을 위한 토론에서 가장 중요한 핵심이다.

해결 방법을 제시했으면, 그 방법이 얼마나 실현 가능하고, 효과적인지 기대 효과를 설명해야 한다. 이때, 논리의 비약이 생기지 않도록 조심해야 한다. 제안한 해결 방법을 따랐을 때 어떤 변화가 생길 것이며, 그 변화는 어떻게 문제를 해결하게 될 것인지를 논리적으로 설득할 수 있어야 한다. 해결 방법을 제시한다는 것은 가설을 제시하는 것이기 때문에, 기대효과를 너무 과장되게 포장하는 것은 좋지 않다. 적절한 표현을 동원해서 어떤 변화가 어떻게 일어날 것인지, 객관적이고 논리적이면서도 확신에 찬 어조를 사용하는 것이 좋다. 결론은 이제까지 주장했던 내용을 짧게 요약하고, 다시 한번 자신의 대안을 강조하여 긍정적인 기대를 표현하며 마무리한다.

문제 해결을 위한 토론의 입론서 개요의 예를 살펴보자.

"학교폭력! 방지를 위한 상주경찰 도입"에 대한 주제로 살펴보겠다. 아래는 반대 입장에서 작성한 개요다.

아래의 개요를 보면, 서론의 경우 뉴스에서 거론된 학교 폭력에 대한 사회현상을 가지고 시작하는 방법을 취하고 있다. 뉴스에서 본 사건으로 시작하는 방법은 이 문제가 사회적인 관심을 끌고 있으며, 결코 작은 문제가 아니라는 것을 간접적으로 보여주는 효과가 있다. 이런 주제의 경우, 사회적 현상으로 시작하는 것이 도움이 되지만, 반드시 그래야 하는 것은 아니다. 중요한 점은 이것이 대단히 중대한 문제이며, 우리가 실제로 겪고 있는 문제라는 것을 부각시켜야 한다.

서론	학교폭력의 문제점(뉴스에 나왔던 사례 중심으로)
본론	1) 원인분석 • 친구에 대한 배려와 공감부족 • 힘으로 문제를 해결하려는 태도 • 도덕적 가치관 부실 2) 해결 방법 • 협동놀이, 문화예술 활동 함께하기(사례들기) • 대화와 상담시간 확대 • 인성교육 확대 (자아성찰, 예절, 존중) 3) 기대 효과 • 배려와 존중의 태도변화 • 학교 내 분쟁과 폭력감소 (문제해결 방식의 변화)
결론	핵심요약 강조

본론에서는 학교 폭력에 대한 원인을 심리적인 측면과 교육적인 측면으로 분석하며 해결책을 모색하고 있다. 해결책에서 눈에 띄는 것은 협동놀이와 문화 예술 함께 하기다. 다들 알고 있는 인성교육 강화의 측면만 들어갔다면 아마도 이 개요는 재미없는 글이 예상됐을 것이다. 하지만, 놀이와 문화 예술이라는 대안을 제시하는 측면이 신선하기 때문에 더욱 재미있고, 주목받는 내용이 될 것임을 예상할 수 있다. 신선한 대안은 반드시 가장 먼저 제시해주고, 가장 충분히 설명해주는 것이 좋다. 물론, 적절하고 신선한 대안을 제시했더라도 그에 대한 설명이 부족하면 설득력이 떨어질 수밖에 없다. 반드시 뒷받침 내용을 충실히 설명해서 제시한 해결책이 효과적이라는 것을 증명해야 한다.

입론서에서 가장 중요한 핵심은 자신의 주장을 뒷받침하기 위한 근거의 타당성과 설명의 구체성, 그리고 결론에 이르기까지 자신의 일관된 주장을 논리적으로 펼치는 것이라 할 수 있다. 이를 위한 입론서의 구조는 다음과 같이 작성하는 것이 좋다.

서론	논의배경과 용어정리
본론	주장 : 논제에 대한 입장 • 논점1 + 이유 + 근거 • 논점2 + 이유 + 근거 • 논점3 + 이유 + 근거
결론	주장 및 예외정리

주제는 "원자력 발전소 건설에 반대해야 할까? 찬성해야 할까?"를 가지고 입론서 개요의 예를 한번 살펴보자.

논의배경과 용어정리	경주, 포항 지진과 원자력 발전소
논점과 논거	주장 : 원자력 발전소 건립에 반대 의견 : 1) 후쿠시마 원전사고의 피해상황 　　　 2) 핵폐기물 문제 　　　 3) 신재생 에너지 개발가능
정리	주장 및 예외정리

이 논제의 주장은 '원자력 발전소 건립에 반대한다.'이다. 마인드맵을 통해 다방면으로 생각을 해본 후, 원자력 발전에 대한 부정적 의견으로 결정하여 개요를 짜기 시작했다. 논제에 대한 주장인 중심 생각을 본론 시작 부분에 놓고, 원자력 발전에 부정적인 의견 3가지를 순서에 맞춰 구성하고 있다. 그 첫

번째 의견과 근거가 2011년 3월 일본 도후쿠 지방 대지진으로 발생한 후쿠시마 원전사고의 예시이다. 다소 오래된 자료이긴 하나 후쿠시마 원전사고는 원자력 발전소에 대한 전 세계의 관심과 위기의식을 불러일으킨 사건으로, 지금까지도 다 해결되지 못하고 있는 가장 충격적이고 큰 원전 사고이다. 동시대를 살고 있는 사람 대부분이 알고 있는 가장 인상적인 뉴스를 첫 번째 근거로 가져오면서, 듣는 사람에게 최악의 상황에 대한 공포와 공감을 전하며 반대의사를 강렬하게 표현하고 있다. 거기에 두 번째 의견과 근거로, 핵폐기물 처리 문제를 가져와 원자력 발전소의 단점을 강조하고, 세 번째 의견과 근거로 신재생에너지 개발을 예로 들어, 원자력발전소를 짓지 않고도 에너지 문제를 해결할 수 있다는 대안까지 제시하는 체계성을 보여준다.

이 구성은 토론할 때 주장의 포인트 비결이 될 수 있다. 바로, 어떤 쟁점에 대해 반대하거나, 부정적인 주장을 할 때는, 반대 근거에만 집중할 것이 아니라 그 대안이나 해결 방안까지 제시하는 것이 좋다는 점이다. 너무 반대하는 근거에만 집중할 경우 반대를 위한 반대를 하는 것이 아닌가 하는 우려가 생길 수 있지만, 대안을 제시할 경우엔, 통합적인 사고와 합리적 판단을 통해 부정적인 견해를 주장하는 것으로 생각되어, 주장에 대한 신뢰성을 더욱 높일 수 있게 된다. 마무리 결론은 역시, 자신의 주장에 대해 다시 한번 요약 강조하는 것으로 끝맺는다.

좀 더 실제적인 이해를 위해 에세이형식으로 작성한 입론서를 살펴보도록 하겠다.

여기에 수록한 입론서는 대학생이 과제로 제출한 독서디베이트 입론서 중의 하나이다. 이것을 수록한 이유는 입론서 작성방법을 이해하기 위한 사례로 참고하도록 제시한 것뿐이지 내용이 훌륭하거나 모범답안이기 때문에 수록한 것은 아니다. 또한 디베이트의 입론에서 주장하는 논점들은 논제분석을 어떻게 하느냐에 따라 각 팀마다 전혀 다른 시각의 주장들이 나올 수 있음을 염두에 두어야 한다.

 논제

현대사회에서는 베짱이의 삶이 더 바람직하다

[찬성 측 입론]

안녕하십니까. 논제 '현대사회에서는 베짱이의 삶이 더 바람직하다.'의 찬성 측 입론을 맡은 ×××입니다.

어떤 숲 속에 개미와 베짱이가 살았습니다. 개미는 겨울을 대비하기 위하여 뙤약볕에서 식량을 모으기 위해 열심히 일했으며, 베짱이는 나무 그늘에 앉아 악기를 튕기면서 노래를 불렀습니다. 어느 날 노래를 하던 베짱이는 일하는 개미를 보며 어리석다며 비웃었습니다. 어느덧 겨울이 되었고 베짱이는 악기를 들고 추위와 굶주림에 떨면서 개미의 집으로 찾아가 구걸을 하였습니다. 그러나 베짱이는 개미에게 문전박대를 당하고 추위와 굶주림 속에서 떨던 베짱이는 굶어 죽었다는 결말과 개미가 받아줘서 겨울을 같이 보냈다는 결말이 있습니다. 이러한 이솝우화의 내용을 바탕으로 우리는 현대인의 삶에 있어서 베짱이와 개미 중에 어떤 방식의 삶을 사는 것이 바람직한가에 대하여 논의를 하고 자 합니다. 저희 팀은 하고 싶은 일과 해야 할 일 중에 하고 싶은 일에 충실한 베짱이의 삶이 더 바람직하다고 주장 합니다.

먼저 용어정리를 하자면 현대사회란 인공지능이 산업의 중심이 되 어가고 있는 4차 산업 혁명시대인 오늘날로 정리하겠습니다. 삶이란 살아 있음, 목숨 또는 생명을 말합니다. 또, 바람직함이란 '바랄 만한 가 치가 있다.'를 뜻합니다. 그러므로 저희는 바람직한 삶이란 바랄 만한 가치가 있는 인생이라고 정의 내렸습니다. 저희 팀은 다음과 같은 구체 적인 이유로 베짱이의 삶이 더 바람직하다고 주장합니다.

첫째, 하고 싶은 일을 하는 사람은 자기만족도와 성공률이 높습니다.

베짱이처럼 자신이 잘할 수 있는 일을 알고 지속적으로 계발한다면 문 화콘텐츠 사업이 진가를 발휘하고 있는 현대사회에서는 성공할 확률이 높습니다. 그것은 곧 자기만족도와 일에 대한 성취감으로 연결됩니다.

근거로 20××년. ×월 ××일자 ××××신문 기사에 따르면 자기가 원 하는 과에 입학해서 하고 싶은 공부를 하는 대학생이 모든 면에서 그렇 지 않은 학생을 압도하는 것으로 나타났습니다.

다시 전공을 선택해도 동일학과를 선택하겠다는 '전공일치자(者)'는 취업률, 월급, 졸업평점 등 모든 지표에서 전공불일치자보다 높았습니 다. 반면 전공불일치자는 재학기간 연장, 졸업병섬 시하 등 내학생활에 어려움을 겪고 있는 것으로 보였습니다.

게다가 전공불일치자는 대학생활뿐만 아니라 노동시장에서도 좋지 않은 영향을 미쳤습니다. 전공불일치자의 취업률은 전공일치자에 비해 2.3% 정도나 낮았으며 일명 대기업, 외국계 기업, 정부기관, 교육기관, 연구기관 등 '괜찮은 일자리'라고 불리는 직종의 취업률은 평균 4% 정도의 차이를 볼 수 있었습니다. 즉 성공은 행복과 직결되기 때문입니다.

둘째, 사람의 삶은 한 번뿐이기에 소중한 것이며 여가생활도 즐기고 살아야 합니다.

대한민국은 OECD 국가 중 자살, 암, 교통사고 사망률 부분에서 1위를 차지할 정도로 사회적 환경이 좋지 못합니다. 최근 통계청은 대한민국의 자살률이 높은 이유가 극심한 취업난과 고용 불안정, 열등감, 성공지상주의 문화, 다양성을 인정하지 않는 이분법적인 논리의 만연 등이 주요 원인이라고 발표하였습니다. 그 해결방법으로 지나친 경쟁 위주의 사회풍토 개선 및 개개인의 개성을 존중해주고 각자 흥미를 느끼는 분야에 베짱이처럼 마음껏 여가를 즐길 수 있는 삶이 뒷받침된다면 행복감은 증가할 수 있습니다.

셋째, 남의 이목에 신경 쓰며 살아가는 것은 자신의 삶이 아닙니다.

아직까지 우리나라 사회는 다른 사람들의 이목에 신경 쓰느라 자신이 원하는 일보다는 남들이 보기에 괜찮은 일자리를 추구하는 경향이 강합니다.

이러한 이유로 사회에서 인정하는 소수의 직업을 얻기 위해 그 수순으로 명문대에 진학하고자 많은 돈과 시간을 소비하는 게 당연하다는 듯이 여겨집니다. 하지만 지금 시대의 흐름은 자신의 적성과 흥미를 찾아 그것을 자신의 미래와 직장에 연결시키는 것을 추구하고 있습니다.

그러나 이솝우화의 베짱이는 미래를 준비하지 않는다는 손가락질을 받아가면서도 자신의 적성에 따라 하루 종일 음악을 연주하며 살아가고 있습니다. 물론 이솝우화가 쓰여진 당시의 사회 환경이라면 손가락질 당해도 마땅하다고 말할 수 있습니다. 하지만 오늘 우리가 토론하는 논제에는 '현대사회에서'라는 단서가 붙어 있습니다. 현대사회는 지금까지 누려보지 못한 풍요의 시대이며 편리함의 시대입니다. 현대사회는 절대적 빈곤 또한 없는 시대입니다. 즉 생존을 위해 일하는 시대가 아닌 자신의 존재가치를 찾아 삶의 행복을 추구하는 시대라는 것입니다.

오늘날 현대사회는 생존을 위해 미래를 준비하며 개미의 삶이 아니라 궁극적으로 자신의 존재가치를 느낄 수 있는 직업을 가지고 행복을 추구하며 사는 베짱이의 삶인 것입니다. 그러므로 우리 찬성 팀은 '첫째, 하고 싶은 일을 하는 사람은 자기만족도와 성공률이 높다. 둘째, 사람의 삶은 한번 뿐이기에 소중한 것이며 여가생활도 즐기고 살아야 한다. 셋째, 남의 이목에 신경 쓰며 살아가는 것은 자신의 삶이 아니다.'라는 이유와 근거를 토대로 '현대사회에서는 베짱이의 삶이 더 바람직하다.'라고 주장합니다. 이상 찬성 측 입론을 마치겠습니다. 감사합니다.

논제

현대사회에서는 베짱이의 삶이 더 바람직하다

[반대 측 입론]

논의배경과 용어정의는 찬성 측이 잘 정리해 놓으셨기에 그 내용에 동의하며 저희 반대 측의 주장을 펼치겠습니다.

저희는 '현대사회에서는 베짱이의 삶이 더 바람직하다.'라는 논제에 반대합니다.

그 이유로는

첫째, 바람직한 삶은 변함없이 행복해야 한다는 것입니다.

행복의 기준은 각자가 다릅니다.

그런데 개미는 겨울에 대비한 식량을 비축함으로써 행복을 얻을 수 있었으며, 베짱이는 노래를 통해 행복했습니다. 베짱이는 현실의 행복만을 추구하였으며 개미처럼 겨울에 대비하지 않았습니다. 현재만을 즐기는 베짱이에게 미래란 전혀 준비 없는 먼 일인 것입니다. 그리하여 '노력 없이는 좋은 결과를 바라지 말라.'는 말처럼 베짱이는 자신의 게으름에 대한 결과로 비참한 결과를 맞이하게 됩니다.

이야기 속에서 베짱이는 겨울에 추위와 굶주림의 시련 속에서 일을 하지 않고 놀기만 했던 자기 자신을 후회했습니다. 즉 겨울에 베짱이는 행복하지 않았습니다. 자신의 목표를 위해 매일 열심히 일함으로써 풍족하던 개미는 여름에도 겨울에도 행복했습니다. 현재만의 행복을 생각하며 즐기기만 하다가 자신의 상황을 후회하며 불행한 삶을 살게 된 베짱이의 삶은 바람직하지 않다고 개미를 통해 알 수 있습니다.

둘째, 내일을 예측하지 못하는 어리석은 삶은 바람직하지 않습니다.

베짱이는 뙤약볕에서 일을 하는 개미에게 노래를 부르며 열심히 일만 하는 행동이 어리석다 비웃었습니다. 하지만 후에 개미를 찾아가 도움을 청하게 됩니다. 즐기는 삶, 행복한 삶, 꿈을 향한 삶, 모두 중요합니다. 하지만 남을 비웃고 있다가 겨울이라는 위기의 순간에 개미를 찾아가 구걸합니다. 자기 자신이 스스로의 문제를 해결하지 못하고 남에게 의지하며 빌붙는 베짱이의 삶은 본받을 점이 못 됩니다.

셋째, 자신의 재능을 미래에 대한 준비 없이 사용한 것은 바람직하지 않습니다.

베짱이는 자신의 미래에 대한 계획이 없었습니다. 개미는 자신보다 큰 물건들을 들 수 있습니다. 그 재능을 식량을 모으는 데 힘썼습니다. 베짱이는 노래가 곧 재능이라 할 수 있겠습니다. 하지만 자신이 가지고 있는 노래의 재능을 겨울을 보내기 위한 식량을 모으거나 보금자리를 찾는 데에 활용하지 않았고, 자신을 위한 미래 계발도 하지 않으며 단지 자신의 유흥을 위해서 사용한 무책임한 행동에 대하여 바람직하지 않다는 것입니다. 미래가 있기 위해 오늘이 있습니다. 불안정한 미래에 대한 대비를 하지 않고 무분별하게 인생의 쾌락을 즐김으로써 비생산적인 결과를 초래하고 영원히 사회에서 도태될 수 있다는 위험성을 안고 있는 베짱이의 삶은 바람직하지 않다고 주장합니다.

다시 한번 반대 팀 주장을 정리하면 "첫째, 바람직한 삶은 변함없이 행복해야 한다는 것입니다. 둘째, 내일을 예측하지 못하는 어리석은 삶은 바람직하지 않습니다. 셋째, 자신의 재능을 미래에 대한 준비 없이 사용한 것은 바람직하지 않습니다."라는 이유와 근거를 토대로 '현대사회에서는 베짱이의 삶이 더 바람직하다.'라는 논제에 대해 반대합니다. 이상 반대 측 입론을 마치겠습니다. 감사합니다.

토론교육의 접근방법 - 토론수업의 구성방법과 교육효과

토론역량이 훈련되지 않은 학생들을 데리고 토론식 수업을 전개한다는 것은 쉬운 일이 아니다. 따라서 학생들과 토론식 수업을 할 때에는 전략적 접근이 필요하다. 초기에는 엄격한 논증 없이 간단하면서도 자유롭게 생각할 수 있는 확산적인 방식의 토론이 좋다. 반면 시간이 지나면서 논리적이고 수렴적인 사고가 필요한 토론방식을 도입하면서 토론의 역량을 높여 나가는 것이 필요하다. 이렇게 되려면 토론에 할애되는 시간 또한 더 길어지게 되어 있다.

아울러 아직 토론의 기본정신과 기초적인 소통능력을 제대로 갖추어지지 않은 초등학생 또는 토론교육을 받지 않았던 중고등 학생들에게는 좀 더 기본적이고 협동적인 토론방식의 교육이 선결되어야 한다. 만일 이를 건너 뛴 채 찬반대립토론만 고수 한다면 토론교육을 통해 경쟁을 부각시키고, 토론을 단지 승패를 가르는 언어와 논리게임으로 오해하게 만드는 결과를 초래하여 토론시간을 부담스럽게 여기는 결과를 가져올 것이다. 하지만 토론에 대한 부정적 인식은 토론교육의 접근방법에 따라 긍정적으로 바뀔 수 있는 가능성이 충분히 있다. 이처럼 토론교육에 접근하는 방법이 중요한 이유는 인공지능시대에 살고 있는 아이들이 새로운 패러다임의 교육을 소화해 낼 기회를 잃어버리지 말아야 하기 때문이다. 생각하기 싫어하거나 생각하는 훈련을 해보지 않은 아이들에게 고도의 사고력을 요구하는 토론방법을 적용할 경우 아이들의 입은 굳게 다물어지고 아이들의 두뇌활동이 정지되는 결과가 나타날 수도 있다. 따라서 토론교육을 처음 접하는 아이들에게는 간단하고, 짧게 생각하며, 부담없이 말할 수 있는 분위기와 토론방법으로 시작해야 한다. 하지만 그 수준에 계속 머물러서는 안 된다. 토론교육의 궁극적 목표는 자유롭게 논쟁이 가능한 수준까지 도달하여 창의융합적인 사고방식으로 문제해결을 할 수 있어야 하기 때문이다.

다음에 소개한 도표는 토론교육 시작과 후기에 가르쳐야 할 토론교육 방법을 기록한 것이다.

토론교육 방법의 변화과정

토론교육 초기	토론교육 후기
간단한 방식	복잡한 방식
짧은 논의 시간	긴 논의 시간
확산적 주제	수렴적 주제
논증을 강조하지 않음	논증을 강조

토론교육 초기	토론교육 후기
언어 외적 활동 첨가	언어적 활동 위주
참여 중시	논리 중시
협력 중시	경쟁 부각
격려자로서의 교사	발판 제공자로서의 교사

 다양한 토의·토론 수업유형의 분류

창의력 향상과 아이디어 생성	창문 만들기. 모둠문장 만들기, 디즈니 창의성, 육색 생각모자 브레인스토밍, 가지, 버즈, 어항, 사모아
발표력 훈련	돌아가며 말하기, 라운드로빙, 모둠인터뷰, 포토스탠딩, 회전목마, 가치수직선, 신호등, 배심토의, 시뮬레이션, 역할놀이, 직소우, 둘 가고 둘 남기, NIE, 짝 토의·토론, 원탁토론
쟁점 분석 능력	브레인 라이팅, 생선뼈, SWOT, pro-con협동학습, 구름, 패널토론, 도덕적 딜레마, 가치명료화, 찬반대립토론, 법리모형, P.M.I토론, 개념지도 만들기, 개념탐구토론, 개념4차원탐구토론, 롤링페이터토론,
의사결정 능력	신호등토론, 만장일치, 복수선택 질적 의사결정, 에피소우드 의사결정, CPS, EDS, 피라미드, 목표나무, 집단탐구, 모서리토론, 위시리스트토론, 둘 가고 둘 남기 토론

토론역량 훈련 토론대회용	의회식토론, K-CEDA, Policy Debate, 링컨더글라스, 칼포퍼토론, Public Forum Debate

※ 위 표에 제시된 다양한 토론방법들은 시중에 출판된 서적에서 충분히 얻을 수 있는 내용들이며 인터넷 검색을 통해서도 알 수 있기에 『토론교육 하우 투』에서는 소개하지 않았습니다.

 토론교육에 따른 역량발전의 단계

단계	구조	필요항목	발전단계
1단계	하드웨어	토론의 방법	발표력 훈련단계 토론
2단계	소프트웨어	아이들의 생각과 교사의 발문	사고력 훈련단계
3단계	어플리케이션	비판력과 논리성	정확한 사고력 훈련단계

Chapter 2

자녀의 토론교육을 위한
부모의 역할

'생각하는 부모'가 되는 것이 성공하는 자녀교육의 비법이다

내 자녀가 '게임과 채팅' 대신 책 읽는 아이'가 되는 것이 대부분 부모의 바람이다. 이러한 부모의 바람이 이루어지는 날이 올 수 있을까? 아이들이 부모의 잔소리가 없어도 스스로 자기 일을 해내는 아이가 될 수 있을까? 결론은 '모두 가능하다.'이다. 그 방법은 생각보다 쉽고 간단하지만 어렵게 느껴지는 부모도 있을 것이다. 방법을 제시하자면 가족 모두가 책 읽는 환경과 습관을 만들면 되는 것이다. 하지만 이러한 방법이 결코 쉽지 않게 느껴지는 이유는 무엇일까? 그것은 이러한 문제를 진지하게 생각만 했지 문제를 해결하기 위한 연구나 노력이 부족했거나 실천하지 않았을 가능성이 크다. 설령 실천했다고 해도 꾸준히 해서 습관을 만든 것이 아니라 몇 번 해서 안 되면 포기하고 말았을 것이다. 심리학자이자 철학자인 윌리엄 제임스가 '습관이 바뀌면 인격이 바뀌고, 인격이 바뀌면 운명이 바뀐다.'라는 명언을 했던 것처럼 꾸준한 습관만이 내 아이를 바꾸고 내 가정을 바꿀 수 있는 것이다. 교육은 기다림이자 알라딘 램프의 요술처럼 짠~ 하면 결과가 나타나는 것이 아니다. 그렇기 때문에 몇 번 실천해서 실패했다고 포기하지 말고 멀리 내다볼 수 있는 안목이 필요하다.

대다수의 부모들은 결혼이나 자녀교육에 대해 사전에 깊이 있는 공부나 준비 없이 가정을 꾸리고 아이를 갖게 된다. 환경이 이렇다 보니 바람직한 자녀교육의 방법에 대해 생각할 겨를이 없었다. 결국 문제에 부딪히게 되면 인터넷을 검색해서 경험자들의 이야기나 이웃들이 말하는 정보들을 바탕으로 자녀교육 방법을 선택한다. 하지만 이러한 자녀교육 방법은 곧 실패로 끝나는 경우가 있다. 왜냐하면 정보나 경험자들의 이야기가 참고는 될 수 있으나 내 아이는 다를 수 있으며, 부모 자신들이 창의적으로 생각을 하는 습관에 길들여지지 않았기 때문이다.

훌륭한 부모의 조건 중 하나는 생각하는 습관을 가진 부모여야 하는 것이다. 생각이 부족한 부모들의 모습은 아이들에게 그대로 노출된다. 왜냐하면 어떠한 결정사항이 수시로 바뀌거나 결정해야 할 사항에 대하여 생각하지 않는다면, 그 의미와 가치를 설명해줄 수 없기 때문이다. 따라서 아이들에게 좋은 부모가 된다는 것은 '생각하는 부모'가 된다는 것이다. 그리고 생각하는 부모가 되기 위해서는 부모들도 아이들과 함께 질문하는 습관과 논리적으로 말하는 습관, 비판적인 사고의 검증 습관과 의미와 가치를 부여하는 설득적 사고의 습관을 가져야 한다. 이 모든 것을 가능하게 해주는 것이 독서와 토론인 것이다.

질문하는 습관,
논리적으로 말하는 습관,
비판적 사고의 검증 습관
의미와 가치를 부여하는 철학적사고 습관
책 읽고 토론하는 습관

세상을 헤쳐 가는 힘 '사고력과 표현력', '가족회의'로 훈련하자

부모들이 자녀에게 가끔 하는 질문이 있다. "너 무슨 고민 있니? 하고 싶은 이야기 있으면 해."라고 말한다. 하지만 아이들은 말하지 않는다. 눈치가 빠르기 때문이다. 부모가 수용할 수 없는 이야기라고 스스로 판단해 버린다. 왜냐하면 경험적으로 말해봐야 해결이 되지 않는다고 생각하기 때문이다. 그래서 아이들은 결코 자기 속내를 말하지 않는다. 다만 부모가 수용할 수 있다고 판단되면 그 선에서 이야기한다. 많은 가정의 아이들이 그렇게 성장해 나가고 있다.

부모들은 자녀들이 밖에 나가서 적극적인 아이가 되기를 바라며 리더십을 발휘하기 원한다. 하지만 집에서 거의 벙어리처럼 지낸 아이들이 밖에서 자기 의사표현을 잘할 수 있을까? 아이들의 의사표현력 부족현상은 자기생각과 자기 판단, 자기결정, 자기표현의 기회를 가져보지 못할 경우 생기는 현상이다. 지난해 한 대학에서 신입생 학부모들에게 자녀에게 해주고 싶은 말을 물어보았다. 그중에 대표적인 내용 세 가지가 뽑혔다.

1. 공부만 열심히 하지 말고, 생각하고 느끼고 즐기는 방법을 찾아라.
2. 엄마 아빠처럼 한 사람만 사귀지 말고 여러 여자(남자)를 사귀어 봐라. 대신 양다리만 걸치지 말라. 그건 반칙이다.
3. 이제 넌 너만의 색깔을 가진 자유인이다. 자유롭게 살되 책임질 줄 알고, 나만의 색깔을 가지되 어울릴 줄 아는 사람이 되렴.

하지만 EBS 방송국의 다큐멘터리 〈왜 우리는 대학에 가는가?〉 편에서 인터뷰한 대학생들의 반응은 대학이 취업이란 장벽 앞에 자기를 찾을 시간은 전혀 없다고 말하고 있다. 초중고 시절에는 부모님의 간섭과 지시 속에 입시라는 장벽을 뚫기 위해 '자율'이란 단어를 모르고 살았다면 대학시절은 취업의 장벽 앞에 자유를 반납하고 산다는 것이다. 결국 대한민국의 자녀들은 평생 노예처럼 살아가고 있다 해도 과언이 아니다.

하지만 대학을 졸업하면 곧바로 자신의 삶을 스스로 기획하고 스스로 준비해서 스스로 만들어가야 한다. 그뿐만 아니라 경쟁사회 속에서 주변사람으로부터 배척당하지 않고 환영받을 수 있는 사람이 되어야 하는 부담도 있다. 이런 이유 때문에 부모들은 '자율과 자주, 자유와 책임'의 뜻이 담긴 말을 대학신입생 자녀에게 남긴 것이다.

그렇다면 부모가 바라는 것이 대학에서도 경험하고 훈련할 수 없다면 언제 경험해보고 언제 체화시킬 수 있다는 이야기인가? 필자의 오랜 경험으로 실제적이며 효율적인 실천방안을 제시하고자 한다. 이는 다름 아닌 '가족회의'다.

우리 사회에서 가족회의를 하는 집이 얼마나 있을까? 아마 극소수에 불과할 것이다. 가족회의가 없는 이유는 무엇일까? 가부장적 전통의 가족문화뿐 아니라 가족 간의 대화부족과 가족회의 자체에 대한 회의론이 이유일 것이다. 만약에 각 가정에 가족회의를 권장한다면 대략 세 가지 이유에서 불가론을 말할 것이다. 첫째, 아이들 입장에서는 "우리 집은 대화가 안 되는 집"이라고 말할 것이다. "아빠 엄마는 그냥 시키는 걸 좋아하지 회의를 통해서 우리들과 같이 문제를 토론하고 결정하지 않는다."라고 말하며 경험적으로 부정적 입장을 말할 것이다. 또 다른 이유는 만약 회의를 한다 해도 부모는 부모의 생각을 그대로 관철시키려 할 것이다. 왜냐하면 자녀들이 반대의견을 말하면 오히려 집안이 시끄러워질 수 있다고 생각하기 때문에 가족회의를 하지 않는 것이 더 좋다거나 가족회의를 한다 해도 별다른 변화가 없을 것 같다고 말할 것이다.

둘째, 부모들의 가족회의에 대한 염려가 가족회의를 포기하게 만들 것이다. 부모입장에서는 "가정사는 가장이나 부모가 알아서 잘 이끌어 가면 되는 것이지 가족 모두가 회의라는 방식을 통해서 토론하고 결정해야 할까?"라는 견해가 있을 수 있다. 또 다른 선의의 의미로는 자녀들에게 정신적 부담감을 주기 싫어서 의논하지 않는다고 말할 수도 있다. 하지만 그 바탕에는 부모와 아이들이 같은 입장에서 평면적으로 이야기 한다는 것, 즉 토론한다는 것에 대한 거부감이 깔려 있는 것이다. 이는 부모의 권위라는 기득권을 포기해야 한다는 생각에 부담감을 갖는 것이며 보수적인 가정에서는 '부모와 자식이 맞먹는 것'이란 생각에 집안에 질서가 무너질 염려를 하는 것이다.

셋째, 우리 사회 자체가 회의에 대한 거부감이 팽배해 있기에 '집에서까지 골치 아픈 회의를 할 필요가 있는가?'라고 말할 수 있다. 사회에서 벌어지는 회의는 많고도 많다. 거의 모든 일들이 회의를 통해 이루어지고 있는 것이 현실이다. 정부 각 부처에도 날마다 업무회의를 하고, 국회와 지방의회가 거의 매일 이루어지며 직장은 직장대로, 각종 단체, 학교, 학술단체, 방송토론회 등 모든 것이 회의이다. 그러나 그 회의들이 회의다운 회의가 이루어지는 경우는 드물 것이다. 우리 사회 대부분의 회의는 권력자의 의지대로 결론이 만들어지거나 아니면 과반수라는 숫자의 힘으로 끝내는 요식행위와 같은 회의가 많기 때문이다. 심지어는 어떤 회의는 높은 사람들의 훈시를 듣는 자리로 변하는 경우도 많다. 그러니 우리 사회의 보편적 인식 속에는 회의가 '하나 마나 한 것.', '질리게 하는 것.'이란 생각이 자리 잡게 되었다. '구성원의 목소리는 없어지고 구성원의 의지와는 상관이 없는 회의', '회의라는 것은 으레 그런 것이다.'라는 생각이 회의라는 것 자체에 대한 반발 심리를 키워 놓았기 때문이다.

이처럼 회의에 대해 부정적 인식이 팽배해 있다 해도 가족회의는 있어야 한다. 아니 적극적으로 확산되어야 한다. 왜냐하면 가족회의는 우리의 자녀가 처음으로 세상을 배우는 시간이기 때문이다.

다음 제시한 세 가지는 가족회의의 중요성과 가족회의를 해야 하는 이유이다.

첫째, 부모와 가족을 설득 시키는 훈련이 되어야 세상을 설득할 수 있는 역량이 훈련된다.

둘째, 부모와 자녀간의 갈등을 해결하는 가장 최선의 방법이다.

셋째, '자율과 자주, 자유와 책임' 등 최고의 인성훈련 시간이다.

그런데 많은 부모들이 공통적으로 착각하는 것이 있다. '우리 집은 괜찮아.' '우리 아이들은 별 문제가 없어.' '나는 이 정도면 아이들에게 잘하는 거야.'라는 매우 주관적인 생각을 갖고 '가족회의'는 필요 없다고 판단하기 쉽다. 하지만 이런 판단은 착각일 확률이 높다.

만약에 회의(會議)가 없거나 기능을 상실했다면 달리 말해 소통이 안 되고 협력이 안 된다는 것이다. 아울러 실질적으로 사회를 운영해 나갈 구성능력이 부족하다는 것이다. 이는 무늬만 공동체 사회이지 실제로는 우리 사회가 공동체적 기능을 상실한 것이라고 할 수 있다. 따라서 사회적 병리현상을 치유하기 위해서, 또한 우리 자녀들이 자유와 책임의 조화를 배워서 자율과 자주적 행복한 미래의 삶을 만들어 가도록 하기 위해 '가족회의'는 필요하다. 가족회의에서부터 소통하고 협력히는 '사회성'을 배워 가게 하자는 것이다. 하시만 무엇보다 부모들이 알아야 할 것은 가족회의를 통해 우리의 자녀들이 자신들도 모르는 사이에 얻게 되는 것은 세상을 살아가면서 가장 필요로 하는 '사고력과 표현력'이란 사실이다. 갈 길은 멀고 마음은 급하지만, 건강한 미래사회에서 우리의 자녀들이 인재로 성장하며 행복하게 살 수 있는 세상을 만들기 원한다면 가족회의는 가정교육의 필수과목이며 모든 가정이 해야 할 덕목인 것이다.

가족회의를 위한 역량훈련, 질문으로 시작하는 대화와 토론

가정에서 대화는 질문으로 시작해야 한다. 아이들이 초등학교 중학년만 되어도 먼저 부모에게 대화를 요청하는 경우가 드물다. 대부분의 아이들은 자신에게 필요한 것이 있을 때 부모에게 말을 걸지 부모와 어떠한 의견을 나누기 위해 대화를 요청하지는 않는다. 이는 어른이나 아이들이나 동일하게 평상시 어떤 주제를 가지고 생각하는 것과는 거리가 멀게 살아왔고 살고 있기 때문이다. 그래서 아이들이 부모의 질문에 의해 항상 대답할 수 있도록 대화의 관계를 형성해 놓을 필요가 있다.

아직 대화의 문화가 형성되지 않은 가정에서는 대화의 시작을 위해 다음과 같은 준비가 필요하다.

> * 이야기 소재를 준비한다.
> * 질문을 준비한다.
> * 식사시간을 이용해 대화의 물꼬를 연다.
> * 디저트를 나누며 토론으로 연결한다.

위에서 살펴본 것 중에서 이야기의 소재가 중요하다. 무엇보다 아이들 눈높이에 맞는 이야기의 소재가 필요하다. 눈높이에 맞는 소재란 아이들의 관심사를 가지고 대화를 여는 것이다. 예를 들어 초등학생일 경우에는 아이들이 관심을 갖고 있는 게임 종류에 대하여, 중학생의 경우에는 여학생의 경우 좋아 하는 음악이나 가수, 남학생의 경우 게임에 관한 질문이 아이들을 대화의 장으로 이끌기에 가장 수월하다.

그리고 이야기가 전개되기 시작하면 하나의 주제를 가지고 이야기를 넓혀가는 것도 좋다. 그 주제들은 아래에 있는 것을 참조하여 다양한 것들을 찾는 것이 바람직하다.

> **생활 속의 토론문화**
> * 일주일 동안 있었던 일 나누기   * 가장 기뻤던 일 말하기
> * 가장 속상했던 일 말하기   * 서로에게 하고 싶은 말하기

가정의 대화문화를 만들면서 가족 간의 관계의 문화도 만들 필요가 있다.

가족에게는 칭찬과 격려가 가정의 울타리를 더욱 튼튼히 한다. 그리고 아이들은 칭찬과 격려 속에 끈끈한 사랑을 경험하게 되고 그 사랑 안에서 자녀들은 무엇이든지 해 낼 수 있는 힘을 얻게 된다. 그렇게 되기 위해서는 가족의 사랑이 얼마나 끈끈한지 보여줄 필요가 있으며 다음과 같은 방법들을 기본적으로 제시하고자 한다.

왜 질문하는가? = 생각하는 아이로 키위기 위해, 생각 끄집어내기,
무엇을 질문하는가? = 정보를 찾는 질문이 아니라 해석을 요구하는 질문
* 자녀 칭찬하기 : 자녀의 칭찬할 점을 찾아내어 구체적으로 칭찬하고 격려한다.
* 부모에게 감사하기 : 자녀가 부모에게 고마운 점을 말한다.
* 자녀들끼리 서로 칭찬하기 : 자녀들끼리 서로 칭찬할 점을 찾아 칭찬한다.
* hugging하는 생활 : 가족들끼리 서로 포옹하면서 사랑한다고 말한다.

"이 세상에 문제 아이는 없다. 다만 문제 부모만 있을 뿐이다."라는 이야기가 있다.

1. 생각하는 부모

2. 질문과 대화를 이끌어주는 부모

3. 가족회의를 통해 사회성을 길러주는 부모라면

이 세상에서 가장 지혜롭고 훌륭한 부모가 될 것이며 자녀들에게는 탁월한 토론의 역량을 구비시켜주는 선생님이 될 것이다.

유담

(사)한국디베이트코치협회 회장 · 디베이트영재학교 교장

고등학교 음악선생으로 시작한 교육의 길, 영어 수학이 아니면 뒷골목 과목 선생 취급받던 시절에 올바른 삶의 가치관과 인성교육에 뜻을 두고 지금까지 교육운동을 이어오는 '교육운동가'.
현재는 디베이트를 통한 토론교육과 독서토론동아리 확산운동을 통한 교육운동을 펼쳐가기 위해 (사)한국디베이트코치협회라는 토론교육전문기관을 설립해 이끌어가고 있으며 '독서디베이트'란 교육콘텐츠를 최초로 개발하여 독서토론 교육 전문교사를 양성하고 있다. 『독서디베이트』, 『슬로리딩』을 공동집필하였다.

최은희

아렌디에듀아카데미 대표 · 서울여대 독서토론 외래교수

30년 가까이 독서지도사와 논술지도사 양성 과정의 강사로 활동하면서 '독서디베이트'의 이론적 기초를 제공한 창안자.
저서로는 『맛있게 읽는 독서요리』(공저), 『데미안』을 소재로 한 논술지도서와 (사)한국디베이트코치협회의 독서디베이트 코치 양성 과정 교재, 『독서디베이트』(공저), 『슬로리딩』(공저)이 있다.
현재는 독서토론으로 대학에서 강의를 하면서 (사)한국디베이트코치협회의 대표로 전국에 있는 협회 소속 4,000여 명에 이르는 독서디베이트 코치의 교육 역량을 지도 교육하고 있으며 각 지자체 교육지원청 및 도서관을 중심으로 공공 기관에서 개설한 독서디베이트 코치 연수 과정의 책임자로 독서토론 교육 전문가를 양성하고 있다. 또한 각종 전국 토론대회를 진행·심사하고 있다. '책 읽는 사회·토론하는 문화'를 만들어 가기 위해 노력하고 있다.

독서디베이트 저자의
토론교육 노하우

토론교육 하우 투

초판 1쇄 인쇄 2019년 9월 2일
초판 1쇄 발행 2019년 9월 10일

지 은 이   유담 · 최은희
펴 낸 이   최종숙
책임편집   문선희
편   집   이태곤 권분옥 홍혜정 박윤정 백초혜
디 자 인   안혜진 최선주
기획/마케팅 박태훈 안현진

펴 낸 곳   글누림출판사
           주   소   서울시 서초구 동광로46길 6-6 문창빌딩 2층(우06589)
           전   화   02-3409-2055 FAX 02-3409-2059
           이 메 일   nurim3888@hanmail.net
           홈페이지   http://www.geulnurim.co.kr
           블 로 그   http://blog.naver.com/geulnurim
           북트레블러 http://post.naver.com/geulnurim
           등   록   2005년 10월 5일 제303-2005-000038호

ISBN 978-89-6327-584-0 03370

이 도서의 국립중앙도서관 출판예정도서목록(CIP)은 서지정보유통지원시스템 홈페이지(http://seoji.nl.go.kr)와
국가자료종합목록 구축시스템(http://kolis-net.nl.go.kr)에서 이용하실 수 있습니다. (CIP제어번호 : CIP2019032424)